数字奇迹

元宇宙时代的商业与创新

[美]奎哈里森·特里（QuHarrison Terry）
[美]斯科特·基尼（Scott Keeney）　　著
[美]帕丽丝·希尔顿（Paris Hilton）

郑冰　译

THE
METAVERSE
HANDBOOK

中国原子能出版社　中国科学技术出版社
·北　京·

北京市版权局著作权合同登记 图字：01-2023-5236。

图书在版编目（CIP）数据

数字奇迹：元宇宙时代的商业与创新 / （美）奎哈里森·特里（QuHarrison Terry），（美）斯科特·基尼（Scott Keeney），（美）帕丽丝·希尔顿（Paris Hilton）著；郑冰译 . — 北京：中国原子能出版社：中国科学技术出版社，2024.3

书名原文：The Metaverse Handbook: Innovating for the Internet's Next Tectonic Shift

ISBN 978-7-5221-3169-6

Ⅰ . ①数… Ⅱ . ①奎… ②斯… ③帕… ④郑… Ⅲ . ①信息经济 Ⅳ . ① F49

中国国家版本馆 CIP 数据核字（2023）第 234016 号

策划编辑	杜凡如　王秀艳	特约编辑	杜凡如
责任编辑	付　凯	执行编辑	王秀艳
封面设计	仙境设计	版式设计	蚂蚁设计
责任校对	冯莲凤　邓雪梅	责任印制	赵　明　李晓霖

出　　版	中国原子能出版社　中国科学技术出版社	
发　　行	中国原子能出版社　中国科学技术出版社有限公司发行部	
地　　址	北京市海淀区中关村南大街 16 号	
邮　　编	100081	
发行电话	010-62173865	
传　　真	010-62173081	
网　　址	http://www.cspbooks.com.cn	

开　　本	880mm×1230mm　1/32	
字　　数	137 千字	
印　　张	7.5	
版　　次	2024 年 3 月第 1 版	
印　　次	2024 年 3 月第 1 次印刷	
印　　刷	北京盛通印刷股份有限公司	
书　　号	ISBN 978-7-5221-3169-6	
定　　价	69.00 元	

谨以此书献给安·莎丽（Ann Shary）和

琳达·皮特曼（Linda Pittman）

致谢

在此非常感谢温迪·苏特（Wendy Souter）、基思·特里（Keith Terry）、亚历克西斯·特里（Alexis Terry）、迈尔斯·特里（Miles Terry）、瑞安·考德里（Ryan Cowdrey）、吉妮西丝·雷基（Genesis Renji）、布赖恩·特鲁希略（Brian Trujillo）、卡萝拉·贾因（Carola Jain）、迈克尔·波茨（Michael Potts）、布赖恩·范宁（Brian Fannin）、亚当·哈希安（Adam Hashian）、蕾切尔·莱薇特（Rachel Levitt）、赖恩·吉尔（Ryan Gill）、马克·斯塔德霍姆（Mark Studholme）、哈罗德·休斯（Harold Hughes）、纳库（Naku）、克里斯蒂娜·梅奥（Christina Mayo）、扎克（Zach）、莱克莎·鲁宾（LaKesha Rubin）、布伦特（Brent）、米歇尔·约翰逊（Michelle Johnson）、乔治（George）、朱莉娅·麦克劳夫林（Julia McLaughlin），还有我的合著者斯科特·基尼（Scott Keeney）。

感谢所有曾与我讨论过元宇宙的人、与我一起构建过元宇宙的人以及向我咨询过元宇宙的人。感谢这些互动，才使我能够写就此书。

——奎哈里森·特里

在我的人生旅途中有太多帮助过我的人，而在此却无法一一列出。如果只感谢那些适合列在此页上的人，那就太草率了。所以，在此我想感谢我的家人、朋友和同事，感谢你们一直陪在我身边、支持我。感谢所有相信我、给我建议和愿意与我交流的人。感谢这些年来和我一起工作的人，感谢我们了不起的 Dash Radio 大家庭，让我拥有了在这个领域成为专家的经历。感谢每一个或远或近激励过我的人。感谢所有曾支持、帮助过我的人——没有你们，我就无法成为现在的我。希望大家能从此书中获得一些有价值的知识或理念，以及获得能够为你们的人生道路提供灵感的知识框架。

感恩！

——斯科特·基尼（"DJ 斯基"）

序言

2016 年的夏天，我和我的朋友马正龙（Jaeson Ma）在德国慕尼黑与几位以太坊的创始人共进晚餐。我已不记得我们当时是出于什么缘由参加了这次晚餐，但我很高兴我们能够参加，这是我出席过的足以改变我人生轨迹的晚餐之一。虽然那次晚餐的食物很美味，但是令我难忘的不是食物，而是那晚的谈话。

我一直认为自己是一个很有远见且隐蔽得还不错的技术控。但当斯蒂芬·图阿尔（Stephan Tual）（当时以太坊的客户总监）开始谈论区块链、加密技术和数字货币时，说实话，那些信息几乎完全超出我能理解的范围。但我还是能感受到他对此的热情，我也能看出他的团队正在创造一份伟大的事业。显然他们向我和贾森·马提供了一个展望未来的机会。

从德国一回来，我就购买了我的第一份加密货币。

第二年在拍摄纪录片《美国摹因》（*The American Meme*）

期间，我无意中发现了另一项革命性技术。我发现了一家为明星提供全身 3D 扫描并将其制作成数字角色服务的公司。当然我也为自己做了这样的数字角色。

说实话，那时候的我已经厌倦了外出和前往洛杉矶的片场。所以，我创建了这个虚拟世界，在这个世界里我的数字角色能够以虚拟现实的形式进行社交活动，进行 DJ 表演，并与我的朋友和粉丝互动。我认为自己在 2018 年就开始建造属于我的首个元宇宙世界。

下一块拼图——非同质化通证（简称"NFT"）——在 2019 年出现了。区块链公司密码图（Cryptograph）的团队找到我，希望我能创作一幅数字艺术作品，并将作品拍卖，拍卖所得将捐献给慈善机构。与加密货币一样，NFT 的概念一开始很难理解。然而当我了解了这项技术的基础以及它是如何实现数字所有权之后，我变得跃跃欲试。

因此，我在 iPad 上画了我的猫——姬蒂（Kitty），并在 2020 年 3 月将这幅画的 NFT 上传到密码图上，并最终以 40 枚以太币（当时折合约 17000 美元）的价格售出，而我也因此获得了 2020 年"最佳 NFT 慈善奖"，这是个相当酷的奖项。

我认为自己真的很幸运，能比大多数人更早发现这些技术，不是任何人都有机会在技术初期就接触到技术的创造者或其创新项目。除此之外，我还想到了那些当初和我一样能够接触到加密货币、NFT 或元宇宙理念的其他明星或品牌商，他们并没有为此做出任何反应，因为他们未能以开放的心态去展望未来数字生活会如何演变。

如果你拥有影响他人的能力，无论是社会影响力还是文化影响力，你都有职责向人们展示潮流的走向，我们应成为将潮流趋势带入主流文化的载体。我热爱我所肩负的责任，热爱投身未来，热爱为引领更好的前进道路而树立起榜样。

但我也清楚地知道影响力的价值，因此我不能滥用它。如果你想向人们展示一个新的趋势或浪潮，那么你也必须在一段时间里致力于掌握这个浪潮。从我第一次使用加密货币交易、第一次体验元宇宙和第一次进行 NFT 交易以来，我为这个互联网新时代已做出了许多贡献。

我已经从许多了不起的艺术家手中购得了 2000 多份 NFT。我还帮我的朋友吉米·法伦（Jimmy Fallon）购买了他的第一份 NFT，是一个名为无聊猿（Bored Ape）的头像作品。我还是 Decentraland^① 元宇宙音乐节的虚拟 DJ。在《罗布乐思》中我还创建了帕丽丝世界，那是我的个人虚拟绿洲，在这里我为

---

① Decentraland 是一个由区块链驱动的虚拟现实平台。——编者注

我的粉丝举办很棒的聚会，也提供有趣的体验。

　　过去这几年，我在电脑上所得到的社交乐趣远比在现实生活中得到的多。去年，我和我的丈夫在元宇宙的帕丽丝世界里举办了新年聚会，它的确是我举办过的最有趣的聚会，没有之一。在之后的数据统计结果中，我们发现在帕丽丝世界和我们一起等待新年钟声敲响的人数比纽约时代广场的人数多出整整两倍。从那时起，我就意识到元宇宙将会成为未来举办聚会和进行社交活动的场所。

　　在这个互联网的新纪元，我已能够通过 NFT 和元宇宙空间与我的粉丝们产生非常好的互动。而且还发生了一件让我窃喜的事情，那就是知名 NFT 收藏家——巨鲸（WhaleShark）——在彭博社上表达了对我的赞赏，他说我就是明星进入元宇宙这个领域的典范，他对我的肯定让我深感荣幸。

　　在探索元宇宙的过程中，我得到了很多帮助，这也正是这个领域的迷人之处。身为明星，我们经常能够接触到有助于创新的资源和创作者。这种互帮互助、团结协作的理念根植于元宇宙这个行业的基因之中，行业里的所有人都热切地希望能帮你了解其中的奥妙，并愿意为你引路。

　　有非常多的艺术家、开发者、营销者和技术员想在区块链或元宇宙领域里做出一番事业，而要与现实中的陌生人

（数字世界中的朋友）建立联系并不困难，他们需要做的只是在 Clubhouse[①] 的房间或推特的聊天室里待上几天，就能找到合适的团队或想法。

在这个时代能成为创作者，能创造有影响力的品牌，或能拥有忠实的粉丝群是非常令人兴奋的，元宇宙能在许多方面把这些权力重新交还到创作者手中。创作者能真正拥有自己的作品，掌控体验的整体过程，获得永久的版权费。粉丝可以直接支持所喜欢的创作者，也有机会分享创作者身价提升所带来的回报。

作为创作者、意见领袖和品牌商的我们正面临着巨大的转型机遇，所有的一切都在数字化的进程之中。虽然现实世界没有消失，我仍乐于推出新款香水和太阳眼镜，但元宇宙就像是灵丹妙药一般，它一旦进入你的思维体系，你就很难再去思考其他。

就像社交媒体上出现了众多有影响力的意见领袖和企业家一样，元宇宙也将涌现出属于该领域的意见领袖和创作者，他们在《罗布乐思》、Decentraland 或 The Sandbox[②] 上聚集起

① Clubhouse 是一款主打即时性的音频社交软件，类似于国内微信聊天群，但消息听完即刻消失，无法保存。——译者注
② The Sandbox 是沙盒元宇宙平台，玩家以以太坊区块链为基础，构建、拥有和货币化他们的游戏体验。——译者注

各自的追随者，而他们甚至可能不是我们今天在油管（YoTube）或照片墙（Instagram）上关注的那批人。

在向全世界证明意见领袖是一份正经职业的过程中，我发挥过重要的引领作用，因此我非常愿意为互联网的创造者们摇旗呐喊，为互联网新时代添砖加瓦。或许有些人满足于做现实中的初代意见领袖，但我现在的任务是成为元宇宙女王，鼓舞元宇宙创造者们的士气，赋予和提升他们的影响力。你要加入我的行列吗？

——帕丽丝·希尔顿

前言

随着互联网的发展，我们几乎可以跨时空分享和交流任何事物。我们通过应用程序能找到真爱；我们信任数字世界里的邻居，相信他们提供的食物和住房建议都是最好的；我们为了能够永久保存最珍贵的影像记忆，将这些影像资料交到了数字行业的巨头企业手中。

互联网已成为广阔的共享虚拟空间，能将几乎所有你能想到的事物容纳其中。但这肯定不是互联网最美好的状态，就像其他的所有事物一样，它必须不断成长和进化。

因此，接下来会发生什么呢？

我们相信互联网的下一步发展是元宇宙——它是互联网应用的顶点，是增强虚拟现实技术无限可能的呈现。

我们写这本书是希望能为试图了解互联网正在经历何种变化的人们提供翔实的资料，这些资料能够帮助人们抓住促进互联网下一个阶段发展的数字创新脉搏。本书既为启迪灵感，也为传播知识，书中将列举超过 100 位正在构建新数字工具的创新者们的事例，并概述我们如何才能跟上数字商业、数字社区和数字体验变化脚步的途径。

在本书中，我们将探索和解释以下这些看似晦涩的主题：

- 基于区块链网站的 Web3.0 开发
- 区块链钱包改变用户的数字身份识别
- 通过 NFT 实现的数字资产创造方式和所有权
- 沉浸式游戏和社交场景
- 构建元宇宙模块的工具
- 妨碍元宇宙愿景实现的障碍

商务人士和决策者非常适合阅读本书，他们必须不断思考数字创新，为触及消费者群体的新路径制定战略。此外，希望将自身创造力货币化的创作者也非常适合阅读本书。

本书通过通俗易懂的例子、平易近人的语言和具体的实操应用，来诠释晦涩难懂的前瞻性概念，因此你可以轻松地掌握和记住其中的基础概念和进阶理念。

目录

第一章

2032年元宇宙愿景

可口可乐的粉丝们现在有了一个全新的欢聚空间，在这里大家可以为自己塑造一个虚拟形象（俗称角色），并以自己的虚拟形象在空间里活动，例如在可口可乐餐厅里购买商品、跳舞，或前往电影院看影片，或蹬上滑板四处浏览。

可口可乐的 CC Metro[1] 是个造型为可口可乐瓶的线上欢乐岛，建在 There.com[2] 的虚拟世界里。这就是品牌商通过元宇宙的共享性来实现品牌体验的愿景案例，在元宇宙的场景下，品牌商为它们的顾客提供了一个虚拟的游乐场，顾客可以在里面浏览探索、玩儿游戏、结交朋友，并实现购物。这是许多公司对元宇宙发展的共同期待，这个期待也逐渐得到了支持和推动。然而，上面所写的关于 CC Metro 的故事并不是在 2022 年发布的，也不是在近 10 年内发布的，而是出自 2007 年《纽约时报》（The New York Times）的报道。

在脸书（Facebook）、照片墙、推特（Twitter）和领英（Linkedin）定义我们的数字化社交生活之前，人们都认为网

---

[1] CC Metro 是虚拟世界的在线衍生产品。它由 Makena 技术公司开发，并由可口可乐公司赞助。——编者注
[2] There.com 是一个网络虚拟游戏。——译者注

络上的社交可以且也应该是 3D 的，虚拟世界的体验与现实世界也应该是非常相似的。网络虚拟游戏《第二人生》（*Second Life*）和《哈宝酒店》（*Habbo Hotel*）吸引了无数用户；迪士尼也紧跟潮流，推出了虚拟场景游戏——《企鹅俱乐部》（*Club Penguin*）。音乐电视网（MTV）当时也为它们所有的热门节目制作了十几个类似的虚拟场景。《第二人生》获得了包括杰夫·贝索斯（Jeff Bezos）在内的互联网领域远见者的投资，并与索尼（Sony）、太阳计算机公司①（Sun Microsystems）和阿迪达斯（Adidas）等品牌建立了合作，虚拟世界的趋势正迎面而来。

尽管游戏规模不像《第二人生》和《哈宝酒店》那么庞大，但是 There.com 却首创了元宇宙经济。There.com 里有属于自身游戏体系内的虚拟货币 Tbux，其汇率为 1800 枚 Tbux 兑换 1 美元。Tbux 可用于购买房子、家具和装扮角色的装备；游戏里有丰富的活动，你可以训练虚拟宠物，可以参加赛车比赛，还可以与新认识的朋友打牌，还有围绕特定兴趣爱好而组建起来的各类社群。

---

① 创建于 1982 年的一家 IT 及互联网技术服务公司，主要产品是工作站及服务器，现已被甲骨文收购。——译者注

在 21 世纪初，虚拟世界看似真的会成为我们生活的重要组成部分。这也是可口可乐投资 CC Metro 的原因，他们甚至将 MyCokeRewards[①] 项目整合到 CC Metro 中，用户可以在游戏中使用他们的积分兑换奖品。在虚拟世界中，重要的并不在于品牌商以什么方式呈现，而在于其身处虚拟世界之中将拥有的能力——也就是从虚拟世界新行为习惯中学习并测试如何利用好这个媒介的能力。

不过，相较于虚拟世界，最终还是 2D 社交网络吸引到了更多的用户，用户也更容易获得即时满足感。因此，现在市值近万亿美元的社交网络公司不是《第二人生》，也不是 There. com，而是脸书。

◆ 扩展现实已出现

2022 年又出现了许多在 21 世纪初我们就已经听说过的故事，不同的是这次的故事主角换成了"元宇宙"这个新名字。

[①] MyCokeRewards 是一个可口可乐客户诚信营销项目。客户可以通过购买可口可乐的产品，并将产品上的代码在网站输入后兑换积分，积累的积分可以用来兑换网站的各种奖品或者免费赠品等。——译者注

商业版的故事并没有多少变化，大多数品牌商都把元宇宙视为在虚拟体验中植入广告的方式，只不过现在的技术较之前已发生了翻天覆地的变化。

今天，虚拟世界在很大的程度上是建立在区块链技术的基础上。区块链是一种数字收支账本，通过点对点的计算机网络来维护和复制交易及其相关信息，从而使交易和相关信息无法被记录或篡改，黑客也无法进行虚假交易。创作者能够将自己的数字稀缺品融入社交体验中，将游戏土地、角色装备等所有内容变成 NFT。随着区块链成为元宇宙的新技术基础，元宇宙所讲述的愿景也转变为构建一个用户自有、自建，最终奖励归用户所有的未来。这便是如今元宇宙打出的口号，也是元宇宙早期所倡导的"蕴含商业机会的社交体验"这个口号的升级版。

现在，每个人只需花 300 美元就可以拥有令人难忘的虚拟现实沉浸式体验。可口可乐在建造 CC Metro 时，还没有可用于消费端的虚拟现实技术，而当时的增强现实——通过智能手机和智能眼镜等设备体验叠加了图像和计算机所生成信息的真实世界——也仅存在于科幻小说之中。虚拟现实和增强现实的沉浸式技术在元宇宙的体验中有着重要作用，被统称为扩展现实。

虽然目前像 Decentraland 这样的元宇宙门户仍需要通过互

联网浏览器来访问，但是它们最终将会通过扩展现实来实现。元宇宙的真正愿景是共享虚拟体验，这才是现在元宇宙的建造者、品牌商和个人所期待的发展潜力所在。

游戏引擎开发公司 Unity Technologies[①] 的首席执行官约翰·里奇蒂耶洛（John Riccitiello）在接受科技媒体 The Information[②] 采访时预测，到 2030 年，虚拟现实和增强现实头戴设备将会像电子游戏机一样普及。他提出这个预测的数据基础是全球有 2.5 亿家庭拥有电子游戏机，而不是根据全球有 40 亿部智能手机的持有量来预测。确切地说，约翰将扩展现实视为像游戏系统和电视一样的共享设备，他的这种观点现在也已被我们广泛接受。

扩展现实是通信领域的创新之作，其作用在游戏、娱乐和商业领域的应用中可以得到充分体现。扩展现实的体验促使人们更愿意去尝试扩展现实平台。不过却是扩展现实所带来的社交体验便利化，增强了用户对相关设备的黏性。这也不禁让人好奇，如果 Oculus Quest 2 系列虚拟现实一体机出现在 There.com 那个时代，那么情况会不会有所不同？但现在讨论

① Unity Technologies 是一家美国游戏公司，是一个交互实时内容创建和增长平台。——编者译
② The Information 是硅谷一家付费订阅的科技新闻媒体。——编者注

这些早已于事无补。

10 年后，扩展现实和元宇宙将极大程度地渗入我们生活之中。但我们如何才能实现家家都拥有扩展现实头戴设备，并能常常访问元宇宙空间呢？什么样的元宇宙应用程序和体验能引导人们进入元宇宙，并支撑起 2032 年的元宇宙呢？

要回答这些问题，我们首先得了解个人的元宇宙或元宇宙家园的概念。

✦ 属于个人的元宇宙

关于元宇宙的讨论大多数围绕着共享宇宙的愿景。但共享元宇宙实际上是由多个个人的小元宇宙构成的。在元宇宙里建造属于自己的基地或大本营，这个理念正是元宇宙最吸引人的地方——就像是互联网通过数据算法来推测出你可能会喜欢的观点、爱好和需求，并由此演变出 10 亿种不同的个性化体验一样。

RTFKT（发音为"artifact"，虚拟运动鞋设计公司）正在加速推进将个人元宇宙交回到创作者手中，这个过程是通过 RTFKT 空间舱来实现的。RTFKT 最初凭借元宇宙球鞋作品在 NFT 领域崭露头角，之后开创了名为 RTFKT 空间舱的元宇宙场景，并在 2021 年被耐克收购。RTFKT 擅长创作具有鲜明人文价值的数字作品，也就是说他们知道如何宣传和推销收藏品。他们所开创的空间舱则是收藏者们的大本营，大家可以在这里展示自己的 NFT 作品和数字资产。虽然 RTFKT 现在还未透露空间舱最终将走向何处，但我们有理由确信 RTFKT 空间舱必将成为社交中心的样子——空间舱的用户可以邀请朋友来访，并在里面举办活动。虽然我还无法确定短期内 RTFKT 空间舱是否能够突破个人数字画廊的定位局限，但可以确定的是它处于元宇宙加速应用的大趋势之中，这个大趋势就是可定制的个人元宇宙场景。

下一位如扎哈·哈迪德（Zaha Hadid）和弗兰克·劳埃德·赖特（Frank Lloyd Wright）一样伟大的世界级建筑师将不会在现实世界中建造他们的建筑作品，未来的建筑师将更注重在元宇宙里设计房屋、办公室、公园、博物馆以及其他建筑，他们将会有承接不完的工作。看看当代艺术家克丽丝塔·金（Krista Kim）就知道，她设计了名为火星之家（Mars House）的 NFT 作品，以 288 枚以太币的价格售出，在当时这个价格相当于 514558 美元。火星之家的设计不受物理定律的限制，其所构建和营造的是一个具有平静氛围的虚拟冥想环境。

大多数人永远不会拥有一间能够俯瞰中央公园的办公室。

但在个人元宇宙里，我们都可以设计和拥有属于自己的火星之家，领略更多彩的社交生活。

个人元宇宙平台将是奇迹发生的地方。如果你愿意，那么可以把这个平台视为通往元宇宙或者你的元宇宙之家的主页门户。在你的元宇宙之家中，所有酷炫的虚拟现实应用程序、游戏、工作工具、会议室和待办事件都将罗列其中，在这里你可以规划和制作你真正在意的内容。到2032年，为人们提供用于创造个人元宇宙的平台将成为实现元宇宙这个目标的重要组成部分。

✦ 机器人和数字人类的崛起

关于扩展现实和元宇宙未来发展的一个重要方向就是提供更好的沟通与连接渠道。但需要说明的是与我们进行交流的对象并不总是人类，而可能会是机器人和数字人类。与机器人和数字人类的互动交流将是我们在元宇宙中进行社交活动的主要方式，但这也并不预示着未来我们将不会与其他人类接触。相反，数字人类将成为我们元宇宙中的数字代劳者，代表我们执行任务，为我们提供服务，为我们安排与他人的交流活动。

从很久之前，我们就已开始朝着有机器人辅助的生活迈进。许多人在电子商务的交易过程中就接触到了机器人程序，例如 AIO bot、KodaiAIO、NikeShoeBot 和 GaneshBot。这些机器人程序通常被称为抢球鞋机器人程序（sneakerbots，以下简称"抢鞋程序"），这是因为它们在抢购稀有球鞋的市场里被广泛应用。抢鞋程序能帮助人们在供应紧缺的稀有球鞋上线销售的一瞬间便立马下单抢购。许多网站都编写了机器人代码程序，来确保网站的运行质量。这些内部的机器人程序持续运行自动添加到购物车的测试程序，以确保网站运行正常。抢鞋程序便是利用这些测试程序的代码，来实现用户订单、发货和目标产品信息的导入，从而使消费者无须操作就能自动抢购到几分钟，甚至几秒钟内就售罄的紧俏商品。文化现象级的相关品牌——特别是椰子鞋（Yeezy）、耐克 AJ 系列和 Supreme[1]——的转卖市场相当热闹，而因为任何人都能在网上购买和使用抢鞋程序，所以这些转卖市场通常会成为抢鞋程序的目标。耐克和 Supreme 等公司普遍认为抢鞋程序妨碍了独家产品的销售市场，这些公司正在努力制止这类抢鞋程序的使用，但这个话题应该交由其他人来探讨。无论如何，抢鞋程序就是人工智能作

---

[1]　英国人 Jame Jebbia 在美国纽约创立的品牌，本义是最高、至上的。Supreme 以滑板文化起家。——译者注

为替你完成任务的数字协作伙伴的早期案例。

随着社会开始接纳诸如Slack、Teams、Workplace[①]和Discord等一体化通信平台，下一个阶段的机器人已逐步成形。工作场所的机器人现已被用于跟踪工作进度、对接会议、收集员工报销资料等流程之中，机器人也能自动完成许多工作场所中的沟通任务。

Discord是Web3.0时代的主要通信平台之一，几乎所有与NFT社区和加密货币相关的游戏社区都在使用这个平台，由此推动了新一波与之匹配的公共服务机器人的出现。MEE6机器人能净化沟通内容，并标记出使用攻击性语言的用户；Quillbot机器人能对文本进行润色、总结和翻译；Apollo机器人能协调和调度各类代办事件；Dash Radio机器人可以简化在Discord中添加无广告音乐流的操作；Giveaway机器人能够协调抽奖活动；Dank Memer机器人能为你推荐恰当的表情包；诸如此类的机器人还有很多。

如今，无论是沟通协作还是生产劳动，你能想象得到的几乎所有场景中都会有与之匹配的机器人来辅助完成相应的数

---

① Slack、Teams和Workplace都为工作场景协同软件，类似国内的钉钉。——译者注

字任务。到 2032 年，机器人也将在元宇宙中找到新的应用方向，协助元宇宙世界更有效地实现职业化和个人化。在找到把键盘引入元宇宙的方法之前，语音交流将是人机交互的必要媒介，这意味着机器人将会在协助我们执行某些活动中起到至关重要的作用。

想想《星球大战》（*Star Wars*）里的阿图（R2-D2）或斯瑞皮欧（C-3PO），虽然它们是具有个性和批判性思维能力的超复杂机器人，但是它们的本质就是我们今天在 Discord 中使用的能够自动完成任务的机器人。由此推想，我们的机器人也同样将以数字人类的形象出现在元宇宙中——它们将从在后台运作的程序变为出现在我们眼前的 3D 虚拟角色。

换言之，数字人类将作为具有实际作用的机器人出现在我们的元宇宙家园里。UneeQ、Synthesia 和 Soul Machines 等公司多年来一直在开发逼真的人工智能数字人类，这些数字人类是我们在电话或网络上常常会接触到的聊天机器人的升级版，能够为自动客服通话提供可视化界面。值得注意的是，UneeQ 为瑞银集团设计了一款能够随时为客户提供财务预测信息和最新资讯的数字人类产品。Synthesia 开发的数字人类组成了第一个由人工智能主导的气象团队，能够提供全自动的天气预报。名为 Yumi 的数字人类是 Soul Machines 所开发的众多数字人类案例之一，Yumi 现已成为日本一些高端美容和化妆品品牌的护肤顾问及形象大使。

开发逼真的人工智能数字人类技术将建立在前面提及的实用机器人的基础之上，它们将真实地出现在我们的元宇宙家园之中。当然，只有当我们需要机器人执行任务，唤醒它们时，它们才会出现在我们的元宇宙空间里，否则它们就会在后台休眠待命。设想下一个能为你规划元宇宙新体验的机器人——它能找出你可能喜欢的活动、游戏和社区。如果这个机器人既能管理你的日程安排，又能不断学习你的工作习惯，你觉得如何呢？

将来甚至可能会出现替我们完成互动交流的机器人。这让我们想起了哈桑·S. 阿里（Hassan S. Ali）在 2017 年设计的"男孩儿再见"机器人（Boy Bye Bot）项目。那些常常被男性追要电话号码的女性可以将电话号码提供给男孩儿再见机器人，这个机器人就会（幽默地）将男性拒之门外。

✦ 无处不在的元宇宙

到 2032 年，我们每个人都有机会毫不费力地建造属于自己的元宇宙家园，并在其中进行个人化和职业化的设置，机器人将作为帮我们执行和自动操作各类任务的数字人类。如果我们的元宇宙家园是我们为提高数字工作效率、结交新朋友、组建兴趣社区而创建的场所，那么元宇宙机器人将会帮我们实现这些互动体验。

当然，元宇宙还包含了很多其他的内容，例如 NFT 和数字资产、游戏、收藏品、品牌活化、商业贸易、虚拟角色、数字身份等。本书将一一讲述我们生活中各类场景在元宇宙中呈现的情况。这里说的仅是元宇宙发展的其中一个方向，这个潜在的发展方向就足以让元宇宙出现在生活中的方方面面。

个人的元宇宙家园将能帮我们整理感兴趣的元宇宙内容，而元宇宙机器人将能帮我们提高生产力和工作效率，这两者的相互配合将为服务、品牌和产品进入元宇宙和实现元宇宙的大规模应用奠定基础。

约翰·里奇蒂耶洛曾在前文提到的 The Information 采访中，提出过："像照片墙这样依赖于触摸屏的应用程序和像《侠盗猎车手》（Grand Theft Auto）这样需要使用游戏控制器的游戏程序，未来将无法很好地转移到头戴式设备的应用之中。"他解释道："这是因为可穿戴设备的沉浸式用户交互体验将颠覆此前的认知，现有的所有应用和程序都必须根据市场的变化进行相应的变革。"

像《纽约时报》或《华盛顿邮报》这样的新闻网站可能又将以报纸的形式投递在我们元宇宙世界里的家门口；照片墙可能会直接带我们去参观朋友的元宇宙家园；Salesforce 可能会成为你元宇宙家园里的办公室助理机器人。

元宇宙正在改变我们与数字化事物的互动方式，我们和数字化便利、内容、服务和兴趣的互动关系都将转移到未来的元宇宙场景之中。可口可乐早在 2007 年就有了让品牌走进虚拟环境的理念，今天，我们有理由确定可口可乐选择了正确的道路，而再过 10 年，可口可乐可能会是元宇宙中真正有远见的品牌之一。

第二章

什么是元宇宙

只要有足够的发展时间，科幻小说中所幻想出来的科技最终都会变成科学现实，我们一次次地目睹过类似事件的发生。正是描绘未来蓝图的伟大梦想家和作者，与年少时受到科幻片和科幻小说等所启迪的发明者和技术员之间的彼此成就，才使这一切能够成为现实。

科幻小说之父儒勒·凡尔纳（Jules Verne）在1865年出版的小说《从地球到月球》（*From the Earth to the Moon*）中提出了由光驱动航天器的设想，这比人类首次实现飞行早了近40年，比人类发明第一艘离开大气层的航天器早了近100年[①]。2010年，日本的伊卡洛斯号（IKAROS）航天器首次成功地展示了一种名为"太阳帆"的动力推进方式，这种推进方式是利用太阳光照射在大型镜面上所产生的辐射压力来为航天器提供动力。

在20世纪初，爱德华·斯特拉特迈耶（Edward Stratemeyer）

---

① 1903年12月17日，莱特兄弟在北卡罗来纳州基蒂霍克村一个人迹罕至的海滩上，成功进行了人类首次飞机飞行；1957年10月4日，苏联研发和发射了世界上第一颗被送到了外层空间的人造地球卫星。——译者注

创作了一部故事集，故事是围绕一位名为汤姆·斯威夫特的年轻发明家，为了防止自己的发明被盗而展开的，这部作品深受年轻读者的喜爱。在1911年出版的《汤姆·斯威夫特和他的电动步枪》（*Tom Swift and His Electric Rifle*）里，斯威夫特使用了一种类似电击枪的发明。1970年，美国宇航局前工程师杰克·科弗（Jack Cover）发明了第一款电击枪，他根据汤姆·斯威夫特的电动步枪（Tom Swift Electric Rifle）的英文名首字母将其命名为 TSER。后来为了便于这个名字的流传，增加了字母 A，"taser"（泰瑟枪，也就是电击枪）确实要好听一些。

1964年世博会之后，伊萨克·阿西莫夫（Isaac Asimov）为《纽约时报》写了一篇文章，预测50年后可能会展出的发明。他预测的其中一项发明是能够实现自动驾驶的"带有机器人大脑的汽车"。如今，市值近万亿美元的特斯拉（Tesla）就是通过其在自动驾驶汽车技术上的创新而建立起品牌形象并收获了大批粉丝。

2002年，根据小说家菲利普·K.迪克（Philip K. Dick）的作品《少数派报告》（*Minority Report*）改编的同名电影里，向观众展示了一个未来的预防犯罪部门，影片中讲述了在犯罪活动未发生之前，警察机关就能通过预测性分析提前将其制止。

如今，帕兰提尔（Palantir）公司开发的 Gotham 软件就是一款由人工智能驱动的、用于分析和解构大量数据的操作系统，能帮助（多半是）政府机构更好地做出决策和判断。尽管帕兰提尔这个名字来源于《指环王》（*The Lord of the Rings*）中"能够看见未来的水晶球"，但帕兰提尔公司在预测分析领域的角色远不只是领军者，而是目前我们唯一能指望的、能够实现犯罪预防预测机制的科创公司。

还有《星际迷航》（*Star Trek*）系列影片中描绘了无数超前的科幻技术，为天才和科幻迷们提供了源源不断的精神食粮，启迪着他们在未来几十年，甚至几个世纪里不断钻研、创新。这部系列影片里提到的复制机能够凭空制造出几乎任何物品，而今天，我们看到的 3D 打印机，也能够制造出珠宝、食物、房子等一切物品。还有在《星际迷航》20 世纪 80 年代出品的影片里出现的"个人存取显示设备"，是一款拥有平滑触摸屏界面的设备，和我们今天看到的平板电脑十分相似。还有《星际迷航》里的医用三录仪（Medical Tricorder），这款科幻设备引发了一场总奖金高达 1000 万美元的竞赛，这场竞赛主要是为了激励参赛者们将这款《星际迷航》里的医用三录仪变成现实。还有影片里让我们印象深刻的通信设备，这款设备不仅是移动通信设备，而且拥有类似翻盖手机的外形，和曾被我们放在口袋里随身携带的手机样式相似。虽然手机的发明者马丁·库珀（Martin Cooper）公开表示过他的创作灵感是来源于迪克·特雷西（Dick Tracy）的手腕收音机，但是大众普遍认为，实际上是詹姆斯·T. 柯克（James T. Kirk）舰长使用的通信设备启发了摩托罗拉手机部门创造出了这款手机 ①。

科幻小说中的大部分预测都有一个共同点，那就是小说里出现的超现实科技只是故事里的附属品。这些虚构的科幻设备能够让故事里的角色行不可能之事，但故事里的角色却不会对这些惊人设备的存在啧啧称奇。就像我们现在对智能手机和亚马逊次日达服务等事物早已习以为常一样，小说里虚构的设备对角色而言只是发展的产物和故事前提的设定，而这些设备最终并没有对角色产生任何改变，仍然以人类熟悉的方式存在。然而，这些技术却总能改变角色所处的环境。

我们也同样会被技术带到元宇宙的世界里。

---

① 1973 年 4 月 3 日，世界上第一部手机摩托罗拉 Dyda TAC 8000X 诞生于纽约曼哈顿的摩托罗拉实验室里，是我们俗称的大砖头大哥大样式。直到 1995 年，世界上第一款翻盖手机摩托罗拉 8900 才问世，是翻盖手机的鼻祖。因此第一款手机和第一款翻盖手机都诞生于摩托罗拉公司。——译者注

✦ 从《雪崩》到元宇宙

和前面所提及的技术一样，元宇宙的源头也能追溯到一位小说家，这位小说家就是尼尔·斯蒂芬森（Neal Stephenson），他的作品《雪崩》（*Snow Crash*）一书描绘了一系列超前的科幻技术，包括移动计算处理技术、虚拟现实、无线互联网、数字货币、智能手机和增强现实头戴设备等，但他这本书的科幻预设背景里最出彩的部分是元宇宙世界。

在《雪崩》所预设的被企业黑手党控制、充斥着极端阶级不平等的反乌托邦世界里，元宇宙为公众提供了一个逃离世界的空间。用户化身成虚拟角色，通过个人虚拟现实眼镜或公共端口进入元宇宙。元宇宙里的等级体系通过虚拟角色来体现，而通过公共端口进入的用户所拥有的虚拟角色等级明显更低。这与 NFT 个人头像[①]目前的现实情况很相似——像无聊猿和加密朋克（CryptoPunks）这样的 NFT 就属于高等级的虚拟头像。

[①] NFT 个人头像不只是一个头像，而是所有权属于持有者的数字资产。有些 NFT 头像项目会为买家开放私人社群和活动，只有头像持有者才能参与，因此 NFT 个人头像在现实中也是一种身份的象征。——译者注

斯蒂芬森创作的元宇宙世界是一条名为"街道"（The Street）的 100 米宽的道路，这条道路沿着没有任何明显特征的圆形星球的周长延伸，总长度是 65536 千米。用户可以在商店、游乐园、办公室和各种其他的虚拟商业场景中使用加密电子货币，他们甚至可以从房地产巨头全球多媒体协议集团（Global Multimedia Protocol Group）那里购买虚拟房产。

书中的主角希罗（Hiro）居住在一个船运集装箱里，过着单调的生活。但在元宇宙中，他拥有高端房产，这是他在元宇宙流行之前购置的。然而，希罗并不在意元宇宙所带来的经济享受，故事情节反而是围绕他阻止电脑病毒蔓延的任务来展开，这种电脑病毒名为"雪崩"，会导致元宇宙的用户在现实世界里遭受大脑损伤。

撇开众多足以让尼尔·斯蒂芬森成为科技界的诺查丹玛斯①（Nostradamus）的例子不说，他在《雪崩》中的两个观点就已能让他一举成名。其中一个是他创造了"元宇宙"一词，另外一个是他推广了印度教里关于"化身"（avatar）的解释，化身一词代表的就是数字角色。但除了这两个观点所获得的成

---

① 诺查丹玛斯（Nostradamus）是法国籍犹太裔预言家，米歇尔·德·诺特达姆（法语：Michel de Nostredame）的拉丁语名，此词也是自称能占卜未来吉凶预言者的代名词。——译者注

功之外，他的小说在精神上给读者带来的震撼时至今日依旧影响深远。

谷歌地球（Google Earth）的设计师艾维·巴－兹夫（Avi Bar-Zeev）曾经表示，他在开发谷歌地图绘制技术的过程中，在很大的程度上受到了斯蒂芬森在《雪崩》中所传递的想法的启迪。在这本书出版 20 年后，尼尔·斯蒂芬森成为 Magic Leap 公司的首席未来学家，Magic Leap[①] 公司是开发增强现实头戴设备的领先公司之一。但或许斯蒂芬森对前身是脸书公司的元公司（Meta）所产生的影响才是最大的。

Meta 公司作为先发者，其名字就来源于斯蒂芬森所创造的词语，但斯蒂芬森的影响远不止于此。脸书前数据科学家迪安·埃克尔斯（Dean Eckles）2014 年在自己的博客上写道："至少在一段时间，公司的内部培训会要求脸书的产品经理阅读《雪崩》。"而 2014 年脸书也收购了傲库路思公司（Oculus）及其虚拟现实头戴设备技术的专利。由此可见其创始人扎克伯格在很久之前就开始盘算和准备将公司整体转型到元宇宙领域上去。

---

① Magic Leap 是一家位于美国的 AR 公司，其产品被认为可以实现裸眼 3D 全景特效。——编者注

还有一件事值得一提，Meta 公司现在已不再称呼雇员为员工，而称他们为"元宇宙伙伴"。

Meta 公司将投身于实现元宇宙这个愿景，他们甚至已经改变了自身的内在价值观，所宣导的企业价值从过去的"大胆"和"聚焦影响力"调整为现在的"活在未来"、"创造令人惊叹的事物"和"聚焦长远影响力"。此外，Meta 公司还宣布计划在未来 5 年内在欧盟聘用 1 万名高技能人才，来建造即将接替互联网的元宇宙。而且在 2021 年，Meta 公司已向元宇宙部门，也就是脸书现实实验室（Facebook Reality Lab），投入了超过 100 亿美元，并计划在未来几年里继续向该部门投入至少 100 亿美元。

但 Meta 公司对于构建元宇宙所怀抱的愿景究竟是什么呢？

显然 Meta 公司的计划核心是 Oculus 公司的虚拟现实头戴设备。虽然 Meta 认同未来进入元宇宙无须依赖虚拟现实头戴设备的观点，但是显然他们规划的一个重要方向是通过使用硬件设备在更大的程度上体验元宇宙。美国高通公司（Qualcomm）的首席执行官克里斯蒂亚诺·阿蒙（Cristiano Amon）在 2021 年 11 月提到，Meta 公司已经卖出了 1000 万台 Oculus Quest 2 头戴式设备。该设备采用的是高通骁龙 XR2 芯片组，因此这个数字的真实性是有保证的。

不过，Oculus 公司的硬件设备只是他们计划中的一部分，他们真正的元宇宙场景建设是放在地平线世界（Horizon Worlds）平台里，这个元宇宙平台是由 Meta 公司打造的虚拟现实社交体验平台，用户能够访问由社区创建的公共世界。此外，用户也能够使用平台提供的工具建造自己的世界，并向大众展示他们的成果。根据 Meta 公司的报告，自 2021 年 12 月地平线世界平台向美国和加拿大地区所有拥有 Quest 设备的用户开放以来，在该平台上浏览和建设的用户数量以每月 10 倍的速度增长，现有用户总量已达 30 万人。

XR Today[①] 网站为使用地平线世界平台构建模式（Build Mode）的用户提炼了以下几个关键功能概念。

● 代码块：现成代码片段和脚本的合集，用户能够用这个功能在虚拟现实中自定义自动发生的事件。例如，当用户第一次进入虚拟现实世界时，就会触发某个事件的发生。

● 小杂项（Gizmos）：预先构建好的物件和角色属性，用户可以将其应用于虚拟现实世界中的各类要素。例如，用户使

---

① XR Today 是一家专注于报道扩展现实行业新闻、洞察行业动态、分析行业发展的新闻网站。——译者注

用小杂项中的"重生点"（Spawn Point）项就能够控制他们的首次着陆点或"出生"地点；使用"文本"项就能够在虚拟现实的物件上添加文本；使用"传送门"项就能定义传送角色的地点。

● 音效：在地平线世界平台里有三种预设音效——特定事件音效、背景音效和音乐。创作者可以自定义定制音效出现的特定属性，例如音调以及传播的距离。

● 虚拟现实物理：在平台的物理功能选项下，用户能够创造与现实世界里物理规则一致的物件。用户可以定义物件的属性，例如重力范围、物件的密度、弹性程度、摩擦性能、可抓取性等自然属性，还可以选择具有物理特性的材料，例如硬木、冰等。

● 动画效果：用户可以使用这个工具让物体移动，并将移动轨迹记录为自定义动画效果。动画效果有慢速移动、加速移动和其他移动控制方式。

尽管平台上有数百个第三方的虚拟现实应用程序，但是Meta 公司希望用户能通过他们的地平线世界平台来构建元宇宙。他们希望用户能在地平线场馆（Horizon Venues）里进行各类现场活动，像音乐会和会议等，也希望用户能在地平线办公室（Horizon Workrooms）的职场专用空间中进行各种工作上的协作。

　　Meta 公司最终想要实现的是创造下一个伟大的通信工具。他们正在构建空间互联网——数字体验的未来版本，人们能完全沉浸在其中的娱乐活动里，并以数字角色与工作团队沟通合作，从而实现与线上人群的"精神"互联。

　　许多人都认可元宇宙将取代当前的互联网。由于手机的销售已趋于稳定，基本达到市场的潜在规模总额，因此元宇宙这个大胆的愿景获得了极大的重视。新款苹果手机越来越乏善可陈，这也是苹果公司（Apple）近年来一直致力于扩展现实设备的原因。对应用程序进行持续创新的热情逐渐消亡，这导致我们很久都没能见到革命性的应用程序杰作，这也是众多创新者都扎堆在NFT项目、区块链应用程序和DAO（Decentralized Autonomous Organization）（在本书后面的章节"数字身份的变化"中会详细介绍）领域的原因。如今人们普遍认为现在的社交渠道变得腐朽，因此，脸书公司才更名为现在的Meta公司，致力于构建元宇宙这个新的社交通信工具。

　　我们已经准备好迎接下一个大型的消费科技产品，而原来那个手掌大小的设备已不再能为我们提供新奇的体验。这些需要穿戴在脸上的扩展现实设备将带领我们进入拥有全新体验的、名为元宇宙的希望之地。

在我们开始讲述元宇宙可能提供的一切细节内容之前，在此我们想引用尼尔·斯蒂芬森曾说过的一段话作为开场白。正是他带来了元宇宙这个理念，而由此引发了这一场关于元宇宙的爆发式发展。

在接受《名利场》（Vanity Fair）的采访时，斯蒂芬森将自己预见性的故事总结为"只是我在胡编乱造"。这些故事现在在科技界被奉为信条。创新来自人类坚韧不拔地为将梦想变为现实的努力，而科幻小说可以不受规则或工程边界的限制，它是人类在科技还未企及之前，对未来畅想的预见。

我们想要提醒大家的是，元宇宙这个虚构的概念诞生于1992年的一本书中。这个概念诞生的时间点是在互联网泡沫成为硅谷人心中的恐惧之前，是在消费端虚拟现实头戴设备出现之前，是在电影《阿凡达》（Avatar）向观众展示计算机绘图技术能有多逼真之前，甚至是在我们专注于社交媒体和短信通信之前。

在我们痴迷于现代消费科技之前，元宇宙这个概念就已被虚构出来了，现在也已取得了实际进展。元宇宙的概念早已深深地植入想要了解互联网下一步将如何演变的技术专家、未来思想家和观察者的脑海之中。

虽然元宇宙还远未成功，但是每分每秒都有成千上万的人在建造它。

不管我们给元宇宙还是空间互联网创新贴上什么标签，这些创新都来自我们不能简单称其为互联网公司的企业，因为这些创新与我们过去所见到过的创新截然不同。我们已无法用原本对普通互联网技术的认知来理解稀缺数字资产、去中心化自治组织和 Web3.0 身份等的科技概念。

Meta 公司对元宇宙的看法非常重要且不容忽视，但正如我们在本章中一直在探讨的，关于"什么是元宇宙"这个问题的答案就是一个常写常新的科幻故事。

✦ 定义元宇宙

元宇宙成为 2022 年的流行词，而 NFT 则是 2021 年的流行词。脸书将其整体品牌更名为 Meta，将元宇宙定义为通过 Oculus 头戴设备进入的、具有社交和职场体验的虚拟现实世界。微软紧随其后，推出了聚焦于应用在职场办公场景的元宇宙愿景，微软的举措就是让微软团队（Microsoft Teams）具有了将自制视频转换为个人动画角色的功能。如果你深入了解过 NFT，那么你很可能会投资那些在未来能够实现元宇宙体验的 NFT 项目。

显然，在元宇宙领域里正在发生着一些事情，而很多人都不知道元宇宙是什么或应该是什么。似乎有很多关于元宇宙的定义，但案例又都很抽象，难道会有谁想戴着虚拟现实头戴设备过日子的吗？

让我来理清思路，首先来说说元宇宙不是什么。

元宇宙不是单一的技术，也不是我们在虚拟现实里看到的场景，也不会是下一个贝佐斯或盖茨可以创造和拥有的东西。

事实上，元宇宙就像互联网一样，无边无际，无法被任何人拥有，仅此而已。当然，会有某些实体企业对互联网的贡献更大，也会有某些创新对互联网的发展起到了引领作用并影响了网络体验方式，但互联网如今的面貌并不是我们某一天醒来时就突然出现的，而是经过了持续不断的发展和演变而来的。

从这个意义上说，元宇宙不是终点，而是一个发展过程——就像我们年复一年地适应一个又一个应用程序，缓慢接受数字化生活方式的过程。当我们能够将现实习惯用相应的数字化方式代替时，元宇宙就会变得更加真实。作为互联网数字公民的我们，正在利用实体空间（现实世界）里的时间交换在网络上的时间来实现元宇宙。

我特别喜欢沙恩·普瑞（Shaan Puri）在推特上对元宇宙的描述。沙恩·普瑞是这么说的："元宇宙到来的时间点就是我们的数字生活比我们的现实生活更有价值的时刻。"他还指出，在过去的 20 年里，我们的工作、社交、娱乐、认同感以及生活的方方面面都越来越数字化；人们正在用劳力士手表和紧身牛仔裤来交换无聊猿头像和《堡垒之夜》（Fortnite）的皮肤。玩儿《堡垒之夜》的孩子比踢足球和打篮球的孩子加起来的总数还多，再过 10 到 20 年，比起生活在现实世界，我们生活在元宇宙里的时间会更多。按沙恩·普瑞的说法，"我们的注意力已经从现实世界转移到数字世界，注意力放在哪里，能量就流向哪里"。

虽然我认为沙恩·普瑞的描述有点儿概念化，但是他绝对是对的，元宇宙是数字生态系统的象征，这个数字生态系统每天都在成长并变得更加真实。此外，伴随着一项项能让数字生活比现实生活更有魅力的技术诞生，我们也将越来越重视元宇宙。

在日常生活中，我们越来越习惯使用数字化的方式，应用程序到处可见。我们在 Tinder 社交软件上找到爱；在 TurboTax 税务软件上报税；在 Yelp 点评网站上根据陌生人的意见，选择下一顿饭的餐厅；在 Quora 线上回答网站和博客上寻找所有问题的答案。我们相信数字行业的巨头企业能保护好我们最珍贵的影像记忆。

互联网的基础是创作者和社区之间的关系，这种关系就是互联网在每个转折点上的增长动能，它决定了我们选择以什么方式、在什么地方以及在哪些方面来利用我们的时间。元宇宙的概念超越了这种对互联网的简单认识，而发展为相信数字生活将超越现实生活的信念。

那么，我们应该如何为元宇宙的到来做好准备呢？

为元宇宙做好准备归根结底就是为互联网的下一次重大变革做好准备。这场变革是从我们今天所处的位置迭代而来，而最终也会成为未来的历史经验。

✦ 以元宇宙为代表的下一次数字变革

希望我说到这里已经能够让大家非常清楚地理解到，我们已经生活在一个零碎的元宇宙基础版本之中。想象一个连续体，一端是没有互联网的封闭生活，另一端是元宇宙；箭头沿着这两个方向上延伸到无穷远；作为一个社会，我们正在把社会集体的指针推向元宇宙的方向——在这个方向上，我们更紧密地联系在一起，更依赖数字化、数字解决方案和数字社区。

谷歌的出现为我们提供了一种更好的数字化信息解构方案，它在将指针推向元宇宙的发展方向。脸书的出现让我们所有人能够创建数字化身份，它也在将指针推向元宇宙的发展方向。相比之下，放下科技、寻找更好的生活方式的戒数字瘾人群日益增加，又将指针推向了元宇宙的反方向。而像 Calm 这样的应用程序，将冥想体验数字化，用来消除我们由于科技所产生的压力，却以一种微妙的方式将我们推向元宇宙的发展方向。

明白我的意思了吗？元宇宙是许多技术应用的顶点，不是任何一个单独的事件就能让元宇宙成为元宇宙。元宇宙是技术的积累，能让数字生活更有魅力、更方便、更高效，在某种程度上也许会更好。

因此，我想罗列出以下三大互联网的变化，这些变化将推动我们更快地朝着元宇宙的发展方向迈进。

● 身份：互联网上身份的改变，进而改变我们在互联网上的体验

● 价值：我们对数字资产价值看法的改变

● 沉浸式：社区、娱乐、服务等方面的互联网体验方式的改变

以上结构性的变化在一段时间前就已出现，而最终将会出现在我们的流行用语之中。如果你还没开始思考这些变化，那么并不意味着你落后于时代。事实上这个时间点刚刚好，而

现在开始阅读本书，甚至会让你更超前。

无论你是企业家、创作者还是消费者，了解这三大变化，都会让你处于更有利的位置，你可能会比其他人更快获得这些变化所带来的回报。

数字身份的改变

身份是互联网运行的重要组成部分。想想你在使用网站之前必须多久进行一次登录，登录操作代表你是谁，互联网会收集大量有关你在互联网上行为的信息，包括你选择阅读的文章、购买的产品、在搜索引擎中输入的问题，还有你花时间浏览的内容。即使你没有处于登录状态，cookies 和像素追踪①也会在后台运行，收集你的个人信息。

然而，这种对身份信息的持续跟踪情况正在发生变化。《通用数据保护条例》（General Data Protection Regulation）制定了在欧盟境内不允许第三方持续跟踪用户信息的法律先例。苹果公司在 2021 年表明了对这个立场的支持，使用苹果手机的用户都能够阻止手机上的应用程序通过其他应用程序和网站来

---

① cookies 的中文名是储存在用户本地终端上的数据，和像素追踪都是能够跟踪、收集和储存到个人身份信息的数据和技术。——译者注

跟踪自己信息的行为。广告行业正在为此进行相应准备，以后互联网上投放的所有广告都只能使用一手数据（即在自己的网站上收集到的数据）。

总体而言，这个过程就是在向 Web3.0 过渡，是一次互联网身份层的重大变革，在很多方面可以说是一次从中心化服务向去中心化系统的转移。当我们讨论互联网发展历程时，都会提到三个时代：Web1.0、Web2.0 和 Web3.0。

Web1.0 是阅读的时代，在这个时代，大多数互联网用户都可以在互联网上浏览和阅读信息，但如果想发布内容，就需要具有较高水平的技能。Web2.0 是读、写的时代，在这个时代，我们看到了汤博乐（Tumblr）和脸书等社交媒体平台，互联网用户能够将自己的想法和信息通过简单的方式传送到互联网上。Web3.0 是读、写并拥有的时代，互联网用户能够拥有他们自己的数据，拥有他们创造或购买的内容，拥有他们经常使用的互联网服务，由此他们将拥有互联网公民的数字身份。

Web3.0 的核心是区块链——去中心化、自治、点对点网络，它是基于开发人员和用户在网络上的分布性来实现其安全性。在区块链（也称为去中心化应用程序）上构建 Web3.0 服务的早期应用者和建设者都将因此获利。

让我为大家举个生动的例子。

许多人将多宝箱（Dropbox）视为必不可少的应用服务，用户只需要每月支付少量订阅费用，就可以在云端存储超过1TB的文件，再也不用担心自身硬盘的储存空间不够。多宝箱是一家Web2.0公司，它将筹集到的资金用于构建能够储存数据的服务器。随着用户基数的增长，他们会购买更多服务器，存储更多的信息，从而保持公司业务的持续增长。

去中心化应用程序（dApp）是互联网未来发展的方向，我能列举出目前互联网中任何一家服务公司的去中心化竞争对手。声破天（Spotify）的去中心化竞争对手是Audius[1]，Medium[2]的去中心化竞争对手是Mirror，GoDaddy[3]的去中心化竞争对手是以太坊域名服务（ENS），这样的例子不胜枚举。

这样的改变正在企业层面悄然发生着。虽然中心化服务仍有价值和需求，但是去中心化应用程序将带来规模巨大的创新。那身为用户的你又会有什么改变呢？

在Web3.0中，你的身份就是你的区块链钱包地址。在去

---

① Audius是一个基于区块链的去中心化音乐流媒体和分享平台，没有中央权威机构统一管理。——编者注
② Medium是一个内容发行的平台，允许单一用户或多人协作，将自己创作的内容以主题的形式结集为专辑，分享给用户进行消费和阅读。——编者注
③ GoDaddy是一家提供域名注册和互联网主机服务的美国公司。——编者注

中心化应用程序中只需要使用区块链钱包地址，就能实现一次性登录整个互联网，不再需要管理几十个用户名和密码。此外，你的钱包地址（也就是你的身份）是完全匿名的，除非你决定将你真实的身份公开与你的钱包地址绑定在一起。

对于大多数人来说，在 Web3.0 的去中心化应用程序中拥有一个钱包，就能在整个互联网中直接自带加密身份。你的钱包不仅仅是你的登录名和存放你整体身份的地方，也是你的银行。你的区块链钱包可以存放加密货币和其他数字资产，在你使用你的身份信息访问互联网时，就能在互联网上直接实现交易，不再需要 Venmo 这样的点对点金融应用程序，也不需要通过贝宝（PayPal）这样的第三方平台进行支付，也不需要将信用卡信息存档在亚马逊等服务平台上。从这点上看，在互联网上你需要进行的唯一操作就是登录你的区块链钱包。

Web3.0 和区块链钱包最吸引人的特点之一是去中心化自治组织 DAO 的理念。DAO 代表着互联网未来围绕某种任务把人们组织起来的模式。这个任务既可以是为了创建一个去中心化的公司，也可以是为了组建一个非营利性的组织，还可以是为了创造世界上最好的表情包。对于 DAO 来说，出于什么目的并不重要，重要的是如何实现。

DAO 运作的本质就是让所有人都能加入和参与其中，而参与任务的奖励将通过代币来支付。这些代币代表你对 DAO 任务的贡献，在决定 DAO 的发展方向和各项决策中，你能用这些代币来进行投票。一个人累积的代币越多，他对 DAO 的贡献越大，他们在决策中所拥有的话语权也就越大。

有了区块链钱包，DAO 才能运作。保存身份信息的技术和保存财务信息（这里指的是 DAO 的代币）的技术是一样的，因此两者是统一且一致的。

讲一个我的朋友特别感兴趣的 DAO 案例吧。

我的朋友是个狂热的篮球迷。美国职业篮球联赛（NBA）的每个比赛日，他都会出现在 Discord 的聊天室、红迪网（Reddit）和油管上观看比赛和参与群聊。在很多场合，我都听他谈论过如果由他来管理 NBA 球队，那么肯定能比现在这群"笨蛋"管得更好。

所以，毫无意外，当他听说克劳斯之家（Krause House），这个围绕"我们将拥有一支 NBA 球队"的任务而组建的 DAO 时，他当即毫不犹豫地选择加入。

要完成这项任务需要做很多事情，不仅仅是筹集资金，还需要建立推广克劳斯之家和扩大参与人员规模的体系。他们需要向 NBA 球队和现任的球队老板提交展示文稿（pitch decks）。他们需要设计组织内部结构和参与者奖励体系，因此他们创造了克劳斯代币。

克劳斯代币目前是无法通过购买获得的，只能通过参与内部项目来获得，一些能够获得代币的项目在早前已经列明，例如写一篇关于克劳斯之家的博客能赚取 1 个代币；为展示文稿做些设计工作能赚取 1 个代币。

当所有的一切都准备就绪后，克劳斯代币池的部分代币会被出售，用来筹集购买球队的资金。无论你的克劳斯代币是购买所得还是劳动所得，你所拥有的克劳斯代币份额将代表着你在这支 NBA 球队中的产权份额。

你可能会问：如何确保投入到积攒克劳斯代币的时间和精力真的可以在一段时间之后转化为实实在在的利润呢？这是个相当合理的疑问，虽然没有确切的答案，但是影响 DAO、代币和区块链钱包的因素有很多，在下一小节的"数字价值的改变"中将从几个方面来探讨这个问题。

DAO 吸引人的地方在于这些组织调整了激励机制，通过众包来完成组织内的任务。想象一下，如果早期的脸书是一个DAO，当你邀请到更多的朋友加入或发了一条热帖，你就能得到脸书的股份奖励，那么，早期的那一批真正促进了服务、给出了想法和刺激了业务增长的用户就能和创始人同享成果。下面来看几个范例：

● PleasrDAO 是一个专注于购买具有文化价值的 NFT 的集体组织，他们所购买的 NFT 都是能够体现和资助于某些重要思想、活动和目标的藏品。

● Mirror 是一个为媒体 DAO 而创建的平台，用户可以在该平台上进行投票，从而选出要资助的新闻通讯稿和其他媒体项目。

● MetaFactory 是一个专注于设计和创造虚拟现实游戏周边相关产品的 DAO。

DAO 结合了最前沿的去中心化互联网发展方向和数字身份安全模式的特点，因此许多人都认为 DAO 将肩负起构建 Web3.0、创建利基社区等的责任。我知道我刚抛出了很多新的理念和行业术语，这本书中将通过各种实例来说明和诠释这些内容，而我想先向大家着重介绍的是互联网身份层正在发生的重大改变，以及这种改变将会带来的结果。

现在，让我们把话题转到数字文档的价值上吧。

数字价值的改变

数字文档是互联网的命脉。我们每次发送电子邮件，都是在以数字文档的形式发送数据包。我们每次打开视频、文章或表情包时，都是在打开一个共享的数字文档。我们在互联网上存在的体现就在于我们创建、共享和打开了文档。那么，数字文档的价值是什么呢？

有人会认为是其作为知识传递的方式，有人会认为是其能逗笑大家，还有人会认为是其所激发的行为。对数字文档价值的评价有很多，但数字文档有一个价值却未被提及，那就是货币价值。

而这一切将随着 NFT 的出现而改变。

2021 年是 NFT 之年，在当年有超过 110 亿美元的 NFT 在进行交易，成功地将稀缺数字文档的交易理念带到了公众话题之中。

如果你还不太了解，那么请让我来为你解释，NFT 使用区块链技术来出具真实性证书，该证书能够跟踪其在区块链上的来源和历史轨迹。本质上，这就是一种能证明某种数字资产是原件，并能随着时间推移持续做出证明的手段。

NFT 的形式多种多样，以下几种是最受欢迎的类别。

● 角色：角色 NFT 系列通常包含了数千种各具特色的角色，其稀有程度由角色所具有的特点来决定。在一个以社交媒体和线上头像为主的数字世界中，角色是一切的焦点所在。

● 艺术和媒体：这种 NFT 是由艺术家、音乐家、程序员和创作者所创作的独一无二的作品，就是我们今天现实中收藏艺术品的数字模式。

● 可交易卡：像棒球收藏卡和宝可梦（Pokémon）收藏卡这样的可交易卡 NFT 既可以用来收藏，也可以用来玩儿纸牌游戏。

● 通行证：通行证 NFT 升级了后台通行许可的概念，只有持有通行证 NFT 的人才能拥有与自己喜欢的团体、名人和艺人接触的机会。通行证 NFT 也非常适合应用在管理互联网上各类内容、体验或社区的访问权限上。

● 虚拟世界：人们可以在诸如《我的世界》（Minecraft）和《堡垒之夜》这些代表着下一个阶段的虚拟世界 NFT 里拥有自己的一方天地，无论是拥有属于自己的虚拟房产、角色配件还是其他商品。

● 数字化的实体产品：这类 NFT 的实现要求人们具有构建和定制虚拟世界物品的能力，这些虚拟世界的物品可以是共享虚拟世界里原生的物品，也可以是被导入共享虚拟世界里的物品，这和玩家在《堡垒之夜》中自定义角色的方式非常相似，只是这类 NFT 具备所有权和转售权的性质，可以将其视为数字版的耐克服装。

● 游戏 NFT：区块链游戏为玩家提供了双向体验，玩家可以收集 NFT 组件，也可以用自己收集到的 NFT 项目进行作战。

在普通旁观者看来，NFT 似乎是个十足的投机市场，人们在毫无用处的数字艺术品上花费了数千甚至数百万美元。在某些情况下，这种观点可以说是对的，但更重要的是这一切所带来的巨大心理变化。

人们开始发现收集数字内容的价值，并想成为数字文档唯一的实际所有者。无论是为了炫耀、为了其历史价值，还是为了能加入某个社区，人们都在不停地收集 NFT。这对于那些提供数字服务或创造数字内容的人们而言是极其重要的。

NFT 是建立在本章上节"数字身份的改变"中提及的 Web3.0 概念的基础之上。由此也进一步证明了，稀缺的数字文档（NFT）在不断发展的元宇宙中发挥了许多作用。

数字认可和识别标志

越来越多的人将自己互联网的个人头像图片设置成角色 NFT，其中有两方面的原因，一是为了表明自己是某个收集者社区的成员；二是为了炫耀。

拥有稀有 NFT 就有了炫耀的资本，这是大众最能理解的 NFT 使用方式之一。就像在现实世界中佩戴一块劳力士手表或开一辆炫酷的宝马汽车就足以炫耀财富一样，在数字世界中拥有并展示所收集到的稀有 NFT 就是一种炫耀。

例如，加密朋克头像是在 2017 年创造的首批 NFT 系列之一，该系列包含了 1 万个具有随机特征的像素字符，其中某些特征比其他特征更为稀缺。目前，一个加密朋克头像的价格不低于 87 枚以太币（相当于约 40 万美元），因此拥有一个加密朋克头像就能够象征所拥有的身份地位。

拥有加密朋克头像的几位著名 NFT 倡导者已根据他们所拥有的朋克头像，对他们在互联网上的所有身份识别信息进行了变更。例如，朋克 4156、朋克 6529 和朋克 2476，这三位都是推特上的头部意见领袖，他们的身份识别信息就是这些稀有数字收藏品。推特用户 Seedphrase 在 2020 年以 1.5 万美元的价格购买了唯一一个拥有 7 种特征的加密朋克，从而成为 NFT 的早期应用者，而目前同样的 NFT 估值已超过 9 位数，Seedphrase 很骄傲地将这张加密朋克设置成了自己的个人头像。

这种耍酷的方式也已渗透到了名人圈。说唱歌手 Jay Z 将他的推特个人头像换成了他所拥有的加密朋克；NBA 球星斯蒂芬·库里（Steph Curry）把他的头像换成了他所拥有的无聊猿。

NFT 是一种身份的识别标志。

即使你拥有的 NFT 并不昂贵，但 NFT 也足以表明你所参与的社区和所持有的信仰。例如，许多人已将自己的个人头像更改为所拥有的名媛团（Fame Lady Squad）NFT。该项目是首个标榜自己是完全由女性创办成立的NFT项目，可后来却发现背后是一群男人在操盘。之后，该社区从这群男人手中拿回了控制权。今天，拥有并展示你的"名媛团"头像标志着你是主张女性赋权团体中的一员。

在Web3.0中，拥有数字身份的方式正在改变，在数字身份识别的基础上，NFT让我们能够围绕某种稀缺和专有的数字文档来组建社区。这个特点在NFT能够解锁独家体验的功能上也会得到进一步的体现。

解锁独家互联网体验

在互联网上，要对获取体验进行通行许可的识别绝非易事。无论想要获取的是书籍、电影、出版和发布网站上的文章，还是专业人士的专属Zoom会议通话，通行许可识别在很大的程度上都是通过电子邮件和密码的组合来实现，这个操作方法我们已非常熟悉。这确实是一对一的交互，很难向他人转移或提供这样的通行许可。

正如上文"数字身份的改变"一节中所讨论的，随着数字钱包能够成为互联网身份识别这个功能的出现，这一切也都将发生改变。因为现在NFT就能够成为解锁这些需要通行识别的体验的钥匙，以下是几个例子。

- 如果你拥有 Metaverse HQ① 的 NFT，那么你就可以进入一个由 1500 名活跃的 NFT 交易者组成的独家 Discord 聊天群，这些交易者们在群里分享他们对 NFT 投资的见解和策略。

- 如果你拥有无聊猿游艇俱乐部的 NFT，那么你就可以使用 BAYC 浴室② （BAYC Bathroom），这是一个可以在上面涂鸦的数字浴室。

- 如果你拥有 MetaKey③ 的 NFT，那么你就有权与其他创作者一起合作，构建正在进行中的未来 NFT 项目。

Collab.Land④ 和 Unlock Protocol⑤ 这样的工具能够将 NFT 转换为通行密钥，这些工具能够提供现成的软件来检查人们的钱包，确保其拥有必要的 NFT 通行证。无论是私享 Discord 聊天群，还是网站上的文章，或者像 Decentraland 这种虚拟环境中的私人聚会，这些工具都会"在门口检查你的钱包"，只有持

---

① Metaverse HQ 是一个元宇宙 NFT 交易的社区。——译者注
② BAYC 浴室（BAYC Bathroom）是以无聊猿游艇俱乐部（Bored Ape Yacht Club）首字母缩写命名的虚拟创作空间。——译者注
③ MetaKey 是一个可以让持有者享受各个元宇宙社区福利的 NFT，相当于元宇宙的通票。——译者注
④ Collab.Land 是由几个主要去中心化组织的学生人士创建的聊天机器人。——编者注
⑤ Unlock Protocol 是一个基于智能合约的会员补充协议。——编者注

有解锁该体验相应 NFT 的人才会被放行。

对于希望将其内容变现的媒体公司、希望保持低入场率的社区和希望在互联网上创作付费内容的人而言，这项技术具有重大影响。在用户名和密码逐步被 NFT 通行密钥取代的短暂过渡期里，我们还将继续看到上述产品被过度套现，就好像所有人和所有事物都要求付费才能获取他们的产品、服务或内容。然而，这个过渡阶段不会永远持续下去。最终，吸引用户的需求会大于套现的需求，而这个原因会让免费的 NFT 通行密钥变得普遍。

我们认为 NFT 最妙之处在于其可转让性。如果你厌倦了上面提到的任何一个社区，那么你就可以在 NFT 市场上出售所持有的 NFT，收回自己之前的投资。此外，你仍会是值得自豪的 NFT 拥有者，这也足以成为你的谈资，能够拿来向他人展示。

但假设你购买的是《纽约时报》数字订阅权这样的产品，刚刚提及的 NFT 两个优点就无法同时拥有了。当然，创建不可转让的 NFT 也是可以的，但这样就无法实现转售了。然而，现在限制 NFT 的可转让性并不符合 Web3.0 建设者们的精神。如果 NFT 开始含有像健康数字记录这样的个人身份信息时，可能就会出现不可转让的 NFT。不过，目前 NFT 的可转售性和可转让性是 NFT 市场能够存在的重要因素。

众筹共创 2.0

众筹网站（Kickstarter）带来的是我们所熟知的、如今流行于互联网的创造者经济。在某种程度上，Kickstarter 就是在向穆罕默德·尤努斯（Muhammad Yunus）[①] 致敬，它向我们证明了一个好的想法、产品或故事不应该被当地银行经理以不符合合理商业计划和安全投资的标准所扼杀。不，创造者应该由社区赋权，而组成该社区的成员应该是在该产品还未出现就已下单购买的顾客。

我们所说的就是众筹的概念。对于大多数人来说，是 Kickstarter 让我们第一次接触到了众筹。Kickstarter 告诉我们全球有成百上千的人面临着和我们一样的问题，而有那么一个创造者正在制造没有这些问题的产品。

Kickstarter 可能没能获得它应有的荣光，但无数产品通过 Kickstarter 获得了众筹，无数公司诞生于 Kickstarter。除了那些筹集到资金却不履行承诺的创造者以外，众筹在本质上没有什么问题，而 NFT 能把众筹提升到一个新的阶段。在这个新

---

① 孟加拉国经济学家，因其小额信贷的理念获得了诺贝尔和平奖。

阶段中，你能在你所资助的众筹项目里拥有所有权。也就是说，传统的众筹将由此升级为众筹2.0。

以丹尼尔·艾伦（Daniel Allen）为例，他是一名音乐制作人，已在这个行业工作了一段时间，他正在认真思考自己下一步计划。他没有和唱片公司签约，没有把自己锁定在唱片公司希望他如何发展的方向上，而是转头加入了Mirror平台，Mirror是一个基于加密货币技术的众筹平台。

丹尼尔出售了他即将发行的专辑《过度刺激》（Overstimulated）的一半儿版税，以换取能够启动该专辑的前期资金。他发行了10万枚过度刺激代币（$OVERSTIM），并以1枚以太币兑换1000个过度刺激代币的兑换率出售了其中一半儿的代币，按当时汇率计算该笔收益相当于14.7万美元。与此同时，他还发行了3款价格分别为0.1枚以太币、0.25枚以太币和1枚以太币的NFT套装，每个套装里含有一个视觉收藏品、版税合同条款和与售价等值的过度刺激代币。

在短短几天内，有87人购买了他的NFT，他为自己的专辑筹集到了50枚以太币。他简要披露了资金的分配计划、制作专辑的计划时间表、参与这张专辑的人员名单以及版税细节等信息。在他为专辑项目众筹资金的同时，他也在众筹自己的粉丝社区，其中的每位粉丝都是一条营销渠道。那些NFT就待在他们的钱包里，他们每天都会看到这些 NFT，并思考如何宣传才能让这张专辑走得更远，由此就能够缔结成一套完整的激励措施。

通过 NFT 实现众筹的美妙之处就在于所有的版税细节都以代码的形式编入了智能合约之中，无法通过任何手段将任何人踢出交易之外或欺骗任何人，因为这是公共信息。

还有人在 Mirror 上众筹通过电子邮件发送时事通信的项目，例如尘埃（Dirt）项目。一位名叫埃米莉·西格尔（Emily Segal）的创作者在 Mirror 上为她的下一部小说作品进行众筹，还有一部名为《以太坊：无限花园》（*Ethereum: The Infinite Garden*）的纪录片也是在 Mirror 上进行了众筹。

并不是所有的众筹活动都附带有可变现的版税，在某些情况下，资助某个 NFT 项目获得的可能是访问正在创建的某种内容的通行证，或仅是一种慈善救济之举——持有该 NFT 只是一种证明你是初期支持者的象征。

例如，《斯通纳猫》（*Stoner Cats*）是一部基于 NFT 的系列动画，演员阵容强大，包括米拉·库尼斯（Mila Kunis）、阿什顿·库彻（Ashton Kutcher）、维塔利克·巴特林（Vitalik Buterin）和简·方达（Jane Fonda）。他们出售了斯通纳猫角色的 NFT 来筹集该动画系列的资金，只有拥有该系列 NFT 的人才能观看该节目。

NFT 的另一个未来应用案例是平行阿尔法（Parallel Alpha），这款基于 NFT 的纸牌游戏在还未推出时就开始销售游戏里的 NFT 卡牌。通过发行 NFT 卡牌筹集到的资金将用于开发运行该纸牌游戏的虚拟环境。当然，你必须拥有平行阿尔法卡牌才能玩儿这个游戏。

总体而言，发行 NFT 作为众筹的手段将继续促使人们购买稀缺数字文档。对于创作者来说，这是一种更亲密且更有活力的众筹方式，因为收藏者的利益与创作者的项目彼此联结在一起。区块链钱包中的 NFT 会不断提醒收藏者：自己是这项众筹任务里的成员。

NFT 的起源可以追溯到许多年前，早在 2015 年，人们就开始在区块链上制作数字文档，但大概直到 2021 年，人们才真正开始关心这些数字资产的价值，这就是一种行为的转变。

人们现在开始在意拥有稀缺数字文档的意义，这对互联网下一个阶段的发展具有深远影响。这改变了电子游戏经济的运行方式，玩家可以在厌倦某种游戏资产后将其出售。这改变了社区的建立方式，我们可以为拥有这些文档的用户创造和保留体验。这改变了众筹的方式，也改变了我们定义唯一身份的方式，而这仅是开端。

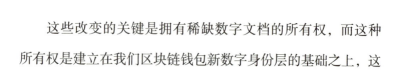

这些改变的关键是拥有稀缺数字文档的所有权，而这种所有权是建立在我们区块链钱包新数字身份层的基础之上，这由此也将带来沉浸式互联网体验。

沉浸式互联网体验的改变

我们都会想要逗留在自己朋友所在的互联网空间里，希望能和与自己有共同兴趣的人建立联系。随着小众社区的发展，品牌商和公司都在竭尽全力争取在大众（他们的客户）前出镜的机会。

非常明显，《堡垒之夜》和《罗布乐思》取代了购物中心，因为年轻人和他们的朋友更愿意流连于此。这两款电子游戏不断推出升级人物角色的新体验和装备角色的新方式。游戏平台还和品牌商以及其他媒体公司合作，将互联网上其他酷炫的玩意儿融合到游戏体验之中。

特拉维斯·斯科特（Travis Scott）在《堡垒之夜》上举办了一整场太空世界（Astroworld）演唱会，而在特拉维斯之前，一名叫马什梅洛（Marshmello）的 DJ 已在《堡垒之夜》举办过演唱会，阿里安娜·格兰德（Ariana Grande）也同样举办过演唱会。其他品牌，例如巴黎世家（Balenciaga），也在该游戏中推出了人物角色的联名皮肤，而路易·威登（Louis Vuitton）

在《英雄联盟》(*League of Legends*) 中也有同样的操作。这也许就是促使耐克开始在数字商品上申请各种专利的原因。

让我们来看看《罗布乐思》，在《罗布乐思》的生态系统中，玩家在制作和参与迷你游戏上拥有极大的自由度。随着《鱿鱼游戏》(*Squid Games*) 在网飞上热播并取得了全球成功，人们开始在《罗布乐思》上创建《鱿鱼游戏》的同款游戏体验，而参与这个游戏的人数就超过了 7 亿人，谁都能理解为什么网飞不久之后就宣布推出网飞游戏的计划。

这就是沉浸式互联网体验的未来：品牌商和公司都将以有趣的方式出现在人们经常出没的地方。访问巴黎世家官网和在《堡垒之夜》下载和穿着他们的服装，这两者的体验是完全不同的。虽然上述的两个例子对巴黎世家的品牌底线有较大冲击，但是在《堡垒之夜》的案例中，巴黎世家创造了一种可以永久存在、经得起未来考验的资产和产品。

如果要说谁是第一批真正体验共享虚拟世界的人，那么就是今天流连在《堡垒之夜》或《罗布乐思》上的年轻人。他们的行为习惯并不会随着年龄的增长和品位的提高而改变，他们可能仍然喜欢在虚拟环境中进行社交，可能更喜欢在虚拟环境中工作，因此，吸引年轻人非常关键。

但这也并不意味着没有适合成人的新沉浸式体验。

在网络上，人们在 Clubhouse 和推特的聊天室等地方建立的互动沟通比在领英上的更多，因为音频社交体验是一种比查看某人的职业简历以及与他们互发文字信息更加亲密的联系方式。

现在已经有几家公司正在构建"企业元宇宙"的整体概念，企业元宇宙是在 Zoom 和 Slack 等虚拟工作应用程序的基础上迭代而来的。例如，在 Gather① 里，企业可以构建一个 8 位像素视频游戏风格的办公室环境，里面有办公桌和会议室。员工通过互联网浏览器进入访问，使用他们的虚拟角色四处活动并与他人互动，里面还集成了实时视频聊天功能，能够用来进行会议活动。

脸书和微软都预告了能够用虚拟角色进行视频通话的新居家办公功能，从而让员工摆脱对 Zoom 的使用疲劳，同时也为他们提供了定制头像的有趣方式。

在另外一条完全不同的路径上，Tinder 提供了一种有趣的、能够找到潜在伴侣的新沉浸式方案。他们推出了一款名为单身小镇（Singles Town）的游戏，用户都是通过虚拟角色来进行游戏，他们可以走到其他虚拟角色（单身人士）身边，与他们展开对话。

---

① Gather 是一款元宇宙虚拟办公社交平台。——译者注

由此可见，世界越来越厌倦在静态网站和应用程序上进行交互活动。无论我们能够理解与否，我们都想再次看到让我们惊艳的发明。这就是脸书更名为 Meta，并重金押注在能与人们重建连接的沉浸式环境上的主要原因。

但还是会有这样的问题：什么样的环境才能容纳所有的新沉浸式互联网体验呢？

大家都会想到《头号玩家》（*Ready, Player One*）这部电影，在电影里我们看到了一个人人都戴着虚拟现实头戴设备的未来世界，人们在这个与现实世界不相关的地方进行探索、社交、游戏、工作、建设等一切活动。从本质上讲，这就是像 Decentraland 正在建设的世界。如果你看过马克·扎克伯格（Mark Zuckerberg）关于将企业品牌形象重新塑造为 Meta 的主题演讲，可能你就会发现他们正在尝试建造统一的"元宇宙"，所有的社会机遇和职业机会都将出现在那里。

然而，下一个阶段的沉浸式互联网体验很可能会建立在封闭空间之中。

从 Web3.0 社区开始

封闭空间的元宇宙极有可能是先通过 Web3.0 来实现的，因为想要创建有趣的虚拟体验更多的是要依靠你为元宇宙空间带来的社区力量，而并非你在元宇宙里能做的事情。

看看 MetaKey，这家公司发布了能解锁该公司计划创建的所有体验的 NFT 密钥。有近 5000 人拥有其中一款 MetaKey 密钥，因此该公司就能够随时为这 5000 名用户创建体验和制作娱乐项目。实际上该公司就是向导，通过元宇宙来握住这 5000 名用户的手，他们可以在网站上创建一个活动，然后告诉人们："嘿，快到这里来，我们正在举办一个很酷的虚拟活动。"

Metaverse HQ 是另一个有趣的 Web3.0 社区，Metaverse HQ 团队与另一个玩家皇家社区合作，创办了一项独家的扑克锦标赛。只有持有这两个社区代币的玩家才能参加虚拟扑克之夜，才有机会赢得奖金。

只有在社区存在的环境下，沉浸式体验才有意义。这就是巴黎世家找到 Epic Games，要求进入《堡垒之夜》来实现与数百万玩家接触的原因。

Web3.0 社区将成为新沉浸式互联网的管理者和入驻者。设想一下，如果 TheSpoon 这样的美食博客想要从静态博客体验转型为虚拟体验，与其独立创建一个完整的虚拟环境，他们还不如与 OneRare 这样现成的 Web3.0 美食元宇宙社区合作。OneRare 正在构建一个与食物相关的虚拟世界，玩家可以参与各类与美食相关的游戏并收集相关的藏品。TheSpoon 可以利用现有的用户群，在 OneRare 的美食元宇宙（Foodverse）中建造他们下一个阶段的媒体帝国。如果 TheSpoon 愿意，还可以向他们现有的所有用户发放通行代币，以此让用户获得新体验。

换言之，各家企业在现阶段互联网中所付出的努力并非毫无意义，但他们需要考虑如何与正在创建 Web3.0 版同款产品的、具有未来观的创作者合作，最终大家必将为了共同的成功而合作。

在这一整章中我一直在强调，元宇宙将通过一个个小增量逐步构建而成。我们不可能突然就开启能与谷歌文档（Google Docs）、《纽约时报》或耐克无缝衔接的全新虚拟模式，我们需要在多次尝试的过程中升级和迭代出这些虚拟体验，我们需要不断尝试多方面的可能。

共享元宇宙的整体概念就如同《头号玩家》所展示的那样，从一个访问端口进入所有沉浸式体验在理论上是有可能实现的——但前提是我们能够达成一套开源协议，从而使各个互有竞争关系的元宇宙之间能够实现便利互通。当然，Meta 公司希望能够达到这个目标。但无论如何，在此之前更有可能是先出现个性化定制的元宇宙，就像现在每个人都能访问自己感兴趣的网站一样。

进入元宇宙的端口是什么

似乎每个人都在思考将从哪里进入元宇宙。Meta 公司认为进入元宇宙的端口就是他们的 Oculus 系列虚拟现实头戴设备。虽然在一段时间内人们可能确实是要从该设备进入元宇宙，但是元宇宙未来是否仍将继续通过该设备进入，还是一个未知数。互联网浏览器、手机和电视屏幕都能为人们提供沉浸式体验。

ComplexCon 比其他企业更顺利地过渡到了虚拟阶段，该公司提供的"虚拟展会"服务都是通过互联网浏览器来体验的，而且整体的体验感是如此令人着迷。

Decentraland——游戏和社交虚拟世界的领跑者之一——也只能通过互联网浏览器来进行访问。

《罗布乐思》和《堡垒之夜》这两个最杰出的共享虚拟世界游戏，也是要通过电视屏幕、平板电脑和手机来进入的。

与主流观点相反，我认为并不一定需要使用虚拟现实头戴设备或增强现实眼镜才能进行完全沉浸式的体验。

值得注意的是 Meta 公司在虚拟现实的方向上押下了极大的赌注。我想我没有能力和扎克伯格或他的公司在这个方向上所投入的资金对着干，他们拥有用户基础，这是他们再次成为思想领袖并为公众带来一项新技术的机会。不过，黑莓、雅虎和诺基亚也曾是如此，这些公司也都曾给我们带来了新技术的使用方式，但它们却无法维持自身的领先地位。

归根结底，下一波沉浸式互联网浪潮必须能为创作者提供简单的创造体验入口，而创作者们必须思考今天在玩儿《罗布乐思》的这批孩子们10年后会对什么产品感兴趣，并带着这样的思考来设计他们的产品。

✦ 迎接元宇宙到来的准备

我们正在迈向更加去中心化的互联网阶段，这个阶段cookies和像素追踪将由模式更优化的数字身份识别管理系统所控制。

元宇宙这个概念是现在能够吸引创造者和企业发挥其想象力的最新流行词，人们都在忙着给这个概念下定义、制定策略以及创建自身的元宇宙模板，但问题是没有人真正知道元宇宙未来的模样。

在20世纪90年代末，所有人都认为互联网最大的商业机会将建立在如Pets.com或Computer.com这样的优质域名之中。而后来我们发现，那些能够实现信息共享和为小众社交搭建互通桥梁的企业成了真正的互联网巨头，而只要品牌足够强大，所构建的社区足够强大，域名也就没那么重要。

如今，星巴克（Starbucks）的移动应用程序每月处理的交易量达到 7000 多万笔，并能对接到绝大多数银行的应用程序，而几十年前又有谁能预料到今日的这般景象呢？

事实上，我们现在认为的元宇宙模样，很可能不是我们未来会体验到的景象，这本就是互联网革新的真实情况。你能做的最好准备就是跟上互联网变化的步伐，这些变化包括 Web3.0 和区块链钱包技术，通过 NFT 协议买卖数字文档，在现有游戏和虚拟世界的基础上设计沉浸式体验等。以上这些就是当今互联网正在发生的主要变化。

下一章将会为大家更好地解释这些变化所带来的结构性变化，重点介绍正在从各个层面构建互联网下一个阶段重大体验改变的各类创造者，概述创新者对下一代互联网的理解，梳理元宇宙的灰色、空白和未知地带——以便让你更好地思考如何填补这些地带。

每次我们用某种数字服务或体验替代某种行为活动时，都会让元宇宙变得更真实。决策者和在数字领域投入了大量时间的人需要预见到数字生活将给消费者、企业和创作者所带来的改变，毕竟，我们的未来将建立在此基础之上。

第三章

为什么你现在就得关注元宇宙

兴趣能把我们带入全新的领域和时空。当我们找到自己在意的事物时，其他一切都变得无关紧要。面对这样的事物我们无法再视若无睹，一旦有机会就必须全身心地投入其中。当一个人陷入了新的兴趣爱好而无法自拔时，他就"掉进了兔子洞里"[1]。

奎哈里森将这类人称为兴趣极客（Interest Geeks），他们会近乎痴迷地沉沦于某种兴趣爱好。面对感兴趣的事物，兴趣极客无一例外会一次又一次地沦陷其中，奎哈里森认为这个特性从某种程度上应该是这类人的人格特征。

兴趣极客对感兴趣的事物的钻研程度比普通人深入得多。他们怀揣兴趣，深入无人之地，无畏开拓新领域时所带来的冲突，仅仅因为兴趣本身就可以诱人心魄。

数百万人将 NBA 视为生活中重要的兴趣爱好，而其中大部分球迷满足于观看比赛，收听美国娱乐与体育电视台的赛后分析，或者虚拟经营一支梦寐以求的篮球队。更喜爱 NBA 的

---

[1] 该比喻出自《爱丽丝梦游仙境》，现常用于形容人们被某种事物吸引，越陷越深，就好像掉进了无底洞一样。——译者注

球迷会制作关于 NBA 的知识信息内容，通过每周播客、博客文章、梗图（a meme page）等形式与他人分享。

在对 NBA 沉迷程度最深的那一小部分球迷中有一位叫吉米海罗勒（JxmyHighroller）的油管博主，吉米海罗勒是少数真正的 NBA 兴趣极客，每周他都会通过数据分析，用独特的角度来分享 NBA 的故事，而且他所采用的数据信息并不常见，看到这些数据，你会忍不住好奇他是如何搜刮到这些资料的。这周他会讲述那些曾同时在 NBA 打球的同族兄弟的故事，通过数据分析，找出史上能力最强的那对兄弟。下一周他会剖析所有从半场或半场外投出的制胜球，结合投中的概率，找出史上最罕见的压哨球。接下来，他又会通过采集和分析数十个数据点，对历史上的所有总冠军进行排名，找出他认为的冠军拿得最艰难的球队和拿得最轻松的球队。

NBA 的球迷们几乎无法理解吉米海罗勒，也无法预测他还会干什么。《点球成金》（Moneyball）这样的电影让我们意识到数据分析正在改变体育行业的管理水平，然而我们从没见过有人会利用数据分析把体育故事讲得如此引人入胜。

吉米海罗勒诠释的正是兴趣极客真实的含义。

大多数人对自己所选择的兴趣项目只了解到一些皮毛，而得益于因为相同兴趣爱好而集结的社团和他们所分享的信息资源，我们能够学到更多。高尔夫、柔道、护肤、收集藏品、木工、游戏、园艺、钓鱼、瑜伽等都是体系完善的兴趣项目。许许多多参与其中的人已对掌握好这些兴趣项目的方法进行了系统整理和记录，言下之意就是这些信息可以被轻而易举地搜索到。

从另一个角度来看待以上情况，现在正是元宇宙这个兴趣项目还没形成群聚效应①（critical mass）的罕见时刻。投入到这个兴趣项目的人还很少，因此机会尚存。

✦ 恰逢其时的兴趣极客

在恰当的条件下，成为一名兴趣极客能够获得巨大回报。痴迷于某个还没被记载过的兴趣项目，本身就是一种挑战。身处于尚未被世界所察觉的兴趣之中，本身就是一件痛苦的事情，而推进这项兴趣也会变得十分困难。如果你还在这项兴趣上投入了大量的时间，这么做更会被大多数人视为愚蠢之举。

这样的故事讲的就是本书的合著者奎哈里森，他在 2015

---

① 群聚效应（critical mass），指促使某事发生所需的最小规模人数或事件，属于社会动力学的名词，此处用来形容元宇宙这个项目还没有被完全解构和理解透。——译者注

年（NFT 这个术语甚至还没确立）就建立了由区块链驱动的数字艺术市场。相信我，如果你是个恰逢其时的兴趣极客，你就会被当成疯子，而且经常会遭受他人投来的异样眼光，历史上有太多这样的人了。

回想一下智能手机早期的移动应用程序开发者们吧。2008年 7 月，在苹果的应用商店初具规模时，商店内的可用应用程序只有 500 个，而到了 2010 年 6 月就已增长到 225000 个。在那个时期，"移动应用程序开发者"在每个科技公司中都起着重要作用，只提供智能手机游戏和应用程序开发服务的工作室相继出现，移动应用程序经济逐渐成为大众讨论的话题。大概在 2014 年前后，情况发生了变化，在出现了多个因为一个应用程序理念而一夜暴富的故事后，几乎所有人都开始想要进入应用程序的领域，但问题是非专业人士（即没有编程经验的人们）无法获得开发应用程序所需的资源。如果让我说出该时期我最喜欢的兴趣极客之一，他就是尼克·沃尔特（Nick Walter）。尼克的生活都是围绕着应用程序，甚至连呼吸都是为了这个兴趣。他意识到获取开发应用程序入门资源的需求，这个需求将会推动应用程序所需开发能力的普及化。尼克在 2014 年发起了他的首个 Kickstarter 活动，名为"如何制作奇异的苹果手机应用程序"，其中详细介绍了如何开发应用程序，从而让应用程序具有可购买性、地理定位、社交融合、摄像等功能。他所传递信息的方式简单且有趣："……帮助大家制作完整的应用程序，然后你就可以将这个程序装载在你的手机里，还可以向你妈妈炫耀，其实我也不在乎你想用它做什么。"几年来，随着新 iOS 软件系统的发布和苹果手表的推出，尼克不断更新和引进与之匹配的课程。从公开的数据来看，他已经帮助 1 万多人开发出他们的首款应用程序。尼克（和其他在同一时期提供类似课程及攻略的人们一样）是深入研究了某种知识并将研究所得深入浅出地介绍给大家的兴趣极客，他没有把自己的研究所得藏起来，而是拿出来与大家分享，他向许许多多的人展示了他的兴趣爱好。

另一个关于恰逢其时的兴趣极客的典型例子是数字艺术品领域的 Beeple。大约 15 年前，Beeple 发起了一个名为"每一天"（Everyday）的艺术创作项目。顾名思义，他开始每天创作和发布一份数字艺术作品，初衷是更好地创作艺术（兴趣部分），但很快就发展为对虚拟艺术设计可能性的探索（极客部分）。数字艺术创作最初是一项兴趣，而后逐渐让人上瘾，进而成为广告、舞台设计等领域中的一种职业，在这些领域，数字艺术创作能为客户展示作品效果。到了 2020 年，NFT 风靡一时，Beeple 赚到了第一桶金，他创作的超过 5000 份作品的《每一天》合集成为 NFT 能够实现数字创作者奖励机制的完美实例。果不其然，他庞大的《每一天》作品集被打包成 NFT，放在佳士得拍卖行上拍卖，最终以超过 6900 万美元的价格出售。这绝非侥幸，因为半年后，他又以 2900 万美元的价格出售了《人类一号》（*Human One*）———一座混合而成的人形雕塑。Beeple 是一个兴趣极客，他深入研究，持续高产，在数字艺术最好的时代里依旧坚持着。因此，他被视为引领数字创作者快速发展的领军人物。

为了紧扣科技领域中恰逢其时的兴趣极客这个主题，让我们来看看该领域意见领袖的所思所想。今天，当一项新技术问世时，YouTube 上会出现许多技术评论，例如 Linus tech Tips、Unbox Therapy、MKBHD 等。但早在 21 世纪初，消费科技正处于时代拐点，技术可选性刚刚开始出现，对技术设备感兴趣的人拥有了更多选择。像 Slashdot、Gizmodo 和 Engadget 这样能够提供实时评论和报告的博客让深入剖析消费科技成为一种真正的兴趣。不知不觉中，我们越来越相信个人意见，而不是品牌博客的观点。研究消费科技这个兴趣的真正赢家是油管上的创作者们。MKBHD 于 2008 年开始在他的油管频道中发布技术评估内容。如今，订阅他的总人数超过 1520 万。The Verge、Engadget 和 Tech Crunch 这些机构对新款苹果手机或特斯拉的评价加起来都比不上他所持观点的影响力，MKBHD 正是恰逢其时的兴趣极客。

有人可能会说这些人只是运气好罢了。他们在潮流出现之前就发现了这个趋势，并因此获得了回报。然而，持有这种观点的人没能看到的是要真正抓住这个正在兴起的兴趣所需的长远眼光和辛勤付出。仔细地设想一下，在 Udemy 还没推出介绍移动应用程序或网页的课程前，非专业人士要如何完成这方面的编程工作；关于创建和修补应用程序或网站需要哪些技能和知识，没有人能够给你提供建议，你只能摸着石头过河的，而且极有可能出现原地打转而不自知的情况。

在正确的时间和位置成为兴趣极客是一回事儿，而成为恰逢其时的兴趣极客又是另一回事儿。恰逢其时的兴趣极客必须高效，且愿意推动该项兴趣发展。正如我们提到的尼克·沃尔特和其他应用程序开发者们那样，成为一项体系还没完善的兴趣的极客，在对该兴趣进行深入研究的过程中必将会面对很多问题。资源的匮乏就意味着你必须自主探究和自学。现有的软件和工具并不是你想要的，这迫使你去尝试使用其他替代性工具，但新兴兴趣项目的早期参与者往往都能组成紧密团结的团体。

兴趣极客在该兴趣项目出现的早期都非常团结，在实验阶段都能够友好地彼此协作。因此，我们看到了元宇宙的兴趣极客，是由一群虚拟现实爱好者所组成的团体，这群人多年来一直在推动数字沉浸的理念，其中有些人甚至为此已付出了数十年的努力。

◆ 元宇宙的兴趣极客

可能会冒犯众多在虚拟现实领域具有影响力的引领者，但在讨论元宇宙领域的兴趣极客这个主题时，我想从贾伦·拉尼尔（Jaron Lanier）开始聊起。

不熟悉贾伦·拉尼尔的人可能会认为他的主要成就是在20世纪80年代末推广了"虚拟现实"这个术语，但是，如果说他的贡献仅在于命名了一项科技，那么对他来说简直是奇耻大辱。贾伦·拉尼尔是真正开启虚拟现实这个理念的远见者和实践者之一。1985年离开雅达利（Atari）后，他与托马斯·G.齐默尔曼（Thomas G. Zimmerman）共同创立了VPL Research，这是第一家开发和销售虚拟现实眼镜的企业。大多数人会认为是他共同创立了虚拟现实，尽管我们今天使用的虚拟现实头戴设备不是贾伦·拉尼尔开发的，但是这些虚拟现实产品都满布他的指纹。除了硬件设备之外，贾伦·拉尼尔也影响着我们看待虚拟现实的态度，并提出了虚拟现实会成为"行为改造帝国"的风险。很难概述他曾在书中、宣言里和 TED 演讲里等场合中所提出的想法和理念，但能肯定的是，后面提到的所有元宇宙兴趣极客都直接（或间接）受到了贾伦·拉尼尔的影响。

接下来聊聊迈克尔·波茨（Michael Potts），这个名字并不为人所熟知，即使是元宇宙爱好者也不太知道他，但他是继贾伦·拉尼尔之后下一代兴趣极客的代表。迈克尔·波茨于 2001 年创立了提供虚拟设计服务的 M2 工作室，那时消费端的虚拟现实应用还没出现。然而，许多财富 500 强企业需要为广告、网站、新项目等提供建筑效果图和制作动画效果。迈克尔·波茨对元宇宙的痴迷持续了 20 年，从未失去信心，这种坚持本身就足以让人惊叹，而 M2 公司熬到了在虚拟现实最蓬勃发展的时代，更是奇迹。如今经历过虚拟现实兴衰演变的他们已了解哪些想法是能有效的，因此，在提供可以直接植入并提供给受众使用的现成元宇宙场景设计服务领域，他们是最值得信赖的机构之一。迈克尔·波茨是众多元宇宙兴趣极客中的一个，在提供服务的方向上找到了自己的定位。

现在让我们来聊聊元宇宙产品领域的兴趣极客巨头：帕尔默·勒基（Palmer Luckey）。在他十几岁时（也就是 2005

年），帕尔默·勒基极度痴迷于虚拟现实，他收集了 50 多个虚拟现实头戴设备，其中绝大部分是 20 世纪 90 年代的产品。当时他就已开始鼓捣自己设计的耳机，后来他加入了由南加利福尼亚大学研究实验室开发的项目"勇敢的心"（BraveMind），这是一项为患有创伤后应激障碍的退伍军人提供虚拟现实暴露治疗①的项目。他对虚拟现实的着迷程度与日俱增，在读大学三年级那年，19 岁的他休学创办了名为 Oculus 的虚拟现实公司，成功开发出更低价、更具有视觉效果且消费端友好的头戴设备。Oculus 很快引起了脸书的注意，在 Oculus 成立几年后，脸书以 20 亿美元的价格将其收购。

帕尔默在 Oculus 平台上所取得的开创性成果引发了开发者向元宇宙兴趣极客迈进的浪潮，由此出现了一大批虚拟现实的应用和实例。

例如像哥谭喜剧俱乐部（Gotham Comedy Club）这样的喜剧兴趣极客在虚拟现实中开创了现场喜剧节目的元宇宙应用。我也进行了第一次元宇宙直播体验，我还记得第一场演出的情景，喜剧演员们同时像现场和虚拟现实里的观众表演，我的思维方

---

① 虚拟现实暴露治疗是将虚拟现实的特定应激场景与暴露疗法相结合的心理治疗方法。——译者注

式也被这场元宇宙和现实世界同时交融的体验所彻底改变。

Oculus 带给我的下一个惊喜体验是《搏击的快感》(*The Thrill of the Fight*)在虚拟现实中的应用，这场拳击体验让我看到了元宇宙在健身领域的潜力。

近来，随着 NFT 和数字资产的兴起，我们看到了设计师和建筑师在元宇宙中创造生活场景的潮流，人们可以在元宇宙里拥有可称为"家"的生活场景，并在里面举办各类活动。例如克丽丝塔·金在 Spatial 平台上设计的火星之家，该作品以 288 枚以太币的价格出售可是当时的新闻头条。同样，西里尔·兰斯林(Cyril Lancelin)和本尼·奥尔(Benny Or)设计了名为"聚点"(The Meeting Place)的空间，那是一个不受物理定律限制的元宇宙会面场景，所要传递的理念是通过自由的建筑思考方式，来激发思维开放的集体创意风暴。

当然，我们也不能忘了在《罗布乐思》中设计游戏和空间的无数创作者，而《罗布乐思》本身就是元宇宙平台。《Meep 城市》(*Meep City*)、《越狱》(*Jailbreak*)和《收养我吧！》(*Adopt Me*)是《罗布乐思》中最受欢迎的三款游戏，每款游戏都吸引了超过 30 亿人次的访问量。

本书合著者 DJ 斯基在《罗布乐思》中创建了帕丽丝世界——帕丽丝·希尔顿在这个虚拟绿洲里举办活动和聚会。她在帕丽丝世界举办了新年聚会，参与人数超过时代广场，那时她曾这么说过："我在电脑上举办聚会的乐趣远比在现实生活中来得更多，这就是未来聚会的样子。"

在过去的一年里，对元宇宙项目感兴趣的人数呈指数级增长，我们之前的列表里甚至没能囊括正在进行元宇宙试验的兴趣极客数量，而这也体现了创作者们正在发挥众人之思，以各种方式开拓元宇宙这个新技术平台。

如果你只看到文章标题，那么你了解到的仅是大型科技公司所取得的元宇宙成果，而错过了在元宇宙领域耕耘多年的其他兴趣极客，他们创建了元宇宙体验和空间，让这项技术更有质感，也更贴近人们的需求。元宇宙兴趣极客要做的是让用户更愿意使用 Oculus 和宏达电（HTC）等企业所开发的虚拟现实硬件。

◆ 兴趣极客战胜当权派

我们非常期待能看到有影响力的人物喜欢这个新兴市场，并愿意进行投资。我们需要这些比我们更有权威的企业发声，以此让我们确信这个全新的、目前还有些浮夸的目标或机会就是未来。元宇宙需要的高光时刻无疑来自马克·扎克伯格。

马克·扎克伯格将脸书更名为 Meta，围绕 Oculus 虚拟现实头戴设备调整了他们的大部分营销策略，同时承诺在未来几年内每年向脸书现实实验室投入至少 100 亿美元——该部门负责开发增强现实和虚拟现实相关的硬件、软件和内容。

你现在就应该关注元宇宙，因为脸书是这么说的，而且这也是大家普遍达成的共识。

但这些看似高光时刻的宣言所提供的信息并不是最可靠的。有时可能是时机不对。还记得 2013 年谷歌发布谷歌眼镜（Google Glass）这款增强现实头戴设备时，科技爱好者们的感受吗？我们都以为那就是元宇宙的时刻，而有时可能是整体预测方向不对。电影《阿凡达》（Avatar）打破了当时所有能想到的电影上映纪录，由此各大电视制造商开始投入家庭式 3D 电视的生产制造。而事实证明，没有人愿意在家里使用这样的技术。

由此可见，不要将新兴的科技信仰体系建立在有影响力的人物或企业技术对未来设想的规划之上。脸书、微软、油管、Epic Games、Shopify、万事达卡（MasterCard）等针对元宇宙所发布的声明非常重要，但这并不是事情的全部。相反，如果你愿意的话，请选择相信创造者、未来思想家和早期参与者等这些元宇宙的兴趣极客。

贾伦·拉尼尔、帕尔默·勒基和迈克尔·波茨多年来一直在指引着这个发展的方向。这些未来思想家几年前就认识到，互联网一直在主流通信媒介中变换，从代码变换到文本，再到照片，之后是视频。他们最终意识到虚拟存在是下一步，他们正在努力实现这个未来。

我想说的是，大多数人都在期待市值数十亿美元的企业能告诉我们科技的下一步发展，期待脸书和《罗布乐思》登上CNBC谈论元宇宙来提醒我们应该关注到元宇宙的到来。我理解这个困境，这是一种部落心态①。普通人并没有足够的粉丝圈来改变公众的观念，而那些已经对数百万人产生过影响的人物却能够做到。

在我提出你应该关注元宇宙的论点时，老实说，我很难不提及科技巨头在高光时刻的宣言。但坦率地说，既然脸书都参与进来了，你也应该会更加在意元宇宙了。但请相信元宇宙里的创建者、建造者和早期参与者——元宇宙兴趣极客们，最终应该是由他们来影响你关注元宇宙与否的决定。

---

① 部落心态，也叫群体内偏见，是心理学名词，是指人们把人分成"我们"和"他们"，更容易接纳属于"我们"的意见，而对"他们"存在偏见。——译者注

第四章

元宇宙的历史

元宇宙的历史就是许多相互关联的技术的编年史，毕竟，元宇宙融合了数字身份、区块链、扩展现实设备和互联网等所有领域的内容。因此，如果不谈虚拟现实和扩展现实设备的发展史，就很难讲述这个仍在建设中的虚拟绿洲的故事。当然，我们也不能忽略数字原生所有权和区块链的历史。在元宇宙历史中最应该提及的是元宇宙的前身，即互联网的诞生。

在第二章"什么是元宇宙"里，我们概述了构成元宇宙的多个领域，而在本章中，我们也将把多个领域的发展时间线浓缩成元宇宙发展的故事，来探讨元宇宙的历史。请不要误认为各领域的发展顺序会对其他领域发展造成影响，构成元宇宙的许多技术都在各自领域里独立发展，只是现在在这个名为元宇宙的虚拟世界的位置上彼此融合。由此出发，我们将分别探讨虚拟现实、互联网、虚拟世界和区块链是如何发展的，然后来看看这些领域如何融合在一起，并形成了元宇宙。

现在，我们从哪里开始这个故事呢？

✦ 虚拟现实

让我们去一趟法国，虚拟现实起源于法国最意想不到的地方：剧院。安托南·阿尔托（Antonin Artaud）是一名作家、导演和创作人，他带来的影响贯穿了 20 世纪 20 年代、30 年代和 40 年代。在 20 世纪 30 年代初，他撰写了由 5 篇文章构成的论文集，并于 1983 年以《戏剧及其两重性》（*The Theatre and Its Double*）为名出版。在这部论文集中，我们第一次看到了虚拟现实（*La Réalité Virtuelle*）这个术语。

在这些论文中，安托南·阿尔托将剧院描述为"虚拟现实"。在这种虚拟现实中，人物、物体和图像呈现出炼金术内部的视觉戏剧幻象力量。换句话说，戏剧能够充分地表现出与人类情感体验相关的、有感染力的情景，通过这种充满想象力且夸张的表现手法，我们得以了解人类的真实本性。

戏剧舞台是第一个为我们带来元宇宙体验的装备吗？从某些方面来说，是的。但我们仍雄心勃勃地认为安托南·阿尔托预想到了这个词将不仅仅是用于描述戏剧的伟大。因此，我们并不局限于将安托南·阿尔托的理念等同于我们今天能够探索的且有技术支撑的虚拟现实。然而，是安托南·阿尔托把这个词带入了大众视野。为此，我们必须向他致敬。

直到 1965 年，虚拟现实头戴设备的概念才被写入了现实。伊万·萨瑟兰（Ivan Sutherland）写了一篇论文，描述了由计算机软件所创建并由头戴式设备进入的虚拟世界。他称之为"终极显示"，其实际上是一种头戴式电脑，能够控制物体的存在，并让人们以新颖的方式进行交互。

同年，莫滕·海利格（Morton Hellig）创建了虚拟现实设备雏形，一款名为Sensorama 的全传感仿真器。他将这台设备塑造成为"体验式影院"，听起来就像是一种值得回忆的体验。Sensorama能播放3D电影和立体音效，还增加了香气和风，让人沉浸其中。显然，这款和冰箱差不多大的设备没有得到商业的青睐。在20世纪80年代和90年代，畅想虚拟现实的遥远未来为大众带来了极大的娱乐。威廉·吉布森（William Gibson）的小说《神经漫游者》（*Neuromancer*）完美地创造出并定义了"网络空间"（*Cyberspace*）一词。此前3年，弗诺·文奇（Vernor Vinge）的中篇小说《真名实姓》（*True Names*）也准确地描绘了网络空间的愿景。还有我们在第二章提及的尼尔·斯蒂芬森，他在1992年写就了被认为是"元宇宙大宪章"的小说《雪崩》。在这段时间里，虚拟现实也被搬上了电影银幕。最值得注意的是，《电子世界争霸战》（*Tron*）这部1982年的电影提出了一个类似元宇宙的虚拟领域。第二年的《头脑风暴》（*Brainstorm*）将观众带到了虚拟现实设备被滥用的未来世界。在20世纪90年代中后期，我们有幸看到了两部基努·里维斯（Keanu Reeves）的经典作品《捍卫机密》（*Johnny Mnemonic*）和《黑客帝国》，这两部作品都是探讨虚拟或模拟现实主题的影片。

以上这些虚拟现实的科幻故事，特别是《雪崩》，对各个领域的创作者们都产生了极为重要的影响。2000年，谷歌联合创始人瑟吉·布林（Sergey Brin）在接受美国成就学院（Academy of Achievement）的采访时，说《雪崩》是他灵感的重要来源，他说："《雪崩》所描述的故事真的领先于其所处时代10年。它就像是预见到会发生什么一样，我觉得非常有趣。"同年，同样受到了《雪崩》启发的亚马逊联合创始人杰夫·贝佐斯聘请了该书的作者尼尔·斯蒂芬森入职他的航天旅行公司蓝色起源（Blue Origin）。直到2006年，尼尔·斯蒂芬森已在该公司担任过多个职位。

自Sensorama之后，航空和航天模拟器在商业航空公司、军方、NASA等组织中得到了普遍推广。模拟器是虚拟现实的一种形式，然而，这项技术并没有推出其他更广泛用途的计划。因此，这只能说是"虚拟现实"设备的特定应用方案。然而，在20世纪80年代和90年代，贾伦·拉尼尔一直致力于消费端虚拟现实设备的研究。在这段时期，他最大的成就之一是 1992 年在芝加哥演出《单手之声》（*Sound of One Hand*）。在这场演出中，他使用了虚拟现实音乐乐器。

到了 20 世纪 90 年代末和 21 世纪初，出现了许多虚拟现实头戴设备和体验的迭代产品，例如世嘉（Sega）公司的 VR-1 运动模拟器、任天堂（Nintendo）公司的 Virtual Boy 主机、林登实验室（Linden Lab）的 The Rig 和 SAS 盒状台式机空间（The SAS Cube）等，其中大部分产品都十分笨重、昂贵且功能有限。但这些设备都触动了帕尔默·勒基的灵感，他于 2013 年在 Kickstarter 上众筹了自己的第一代 Oculus 虚拟现实头戴设备的原型。我们在第三章"为什么你现在就得关注元宇宙"中提到，他的 Oculus 技术很快引起了脸书的注意，并于 2014 年以 20 亿美元的价格被脸书收购。

在我们谈及更多之前，我们仍不能忘记元宇宙的基础和前身。

✦ 早期的互联网

1945 年，美国工程师万尼瓦尔·布什（Vannevar Bush）在他的论文《诚如所思》（*As We May Think*）中提出了一种名为"麦克斯储存器"（Memex）的设备。他设想的计算机设备可以安装在桌面上，并能通过压缩和存储技术来帮助用户管理各类文档和媒体文件，此外还能与他人通信。

1991 年 8 月 6 日，蒂姆·伯纳斯 – 李（Tim Berners-Lee）推出了万维网（World Wide Web），并发布了第一份公共合作邀请。由此，互联网诞生了。

在这两个事件之间的这段时间里，互联网的基础逐步奠定。以下将列举 20 世纪 60 年代和 70 年代互联网领域取得的伟大进步。1962 年，麻省理工学院的 J.C.R. 利克莱德（J.C.R. Licklider）发起了一场主题为"银河网络"（Galactic Network）的辩论，银河网络能够实现全球计算机互联，人们通过这样的互联就能从任何地点快速访问数据和程序。麻省理工学院的莱纳德·克莱因罗克（Leonard Kleinrock）在 1961 年 7 月发表了第一篇关于分组交换理论的论文，探讨了使用信息包而不是电路来发送通信内容，这也成为计算机网络的特征。劳伦斯·G. 罗伯茨（Lawrence G. Roberts）和托马斯·梅里尔（Thomas Merrill）在 1965 年造出了第一个计算机网络，用一台低速拨号电话连接两台计算机，这两台计算机分别位于美国马萨诸塞州和加利福尼亚州。布朗大学的研究人员在 1967 年开始开发超文本编辑系统，影响了后来许多超文本的发明，由此也开发出能够访问信息的互联网接入口。最重大的事件是美国国防部高级研究计划局支持开发的阿帕网（ARPANET），它无疑是始于1969年的第一代互联网。

关于互联网的历史，许多人都已波澜壮阔地记述了多次。我们尝试写一篇类似的概要，最终发现难以做到，但我们还是想用整体的方式来总结这段创造伟大时代的历史。

在蒂姆·伯纳斯-李之前，早期互联网主要由政府资助，并由公立和私立大学项目主导，主导早期互联网项目的研究人员并没有得到追求利润增长的企业的资助。在此期间创建的许多协议一直延续到现代的互联网，而我们最终拥有了一个自由开放的互联网，任何人都可以访问和创建。

但想象一下，如果当时的情况发生反转，就像今天元宇宙的发展一样，互联网是由企业支持创造而来的，那么我们现在在互联网上的每一个动作都会被征税，许多人甚至可能会被挡在万维网的门外，谁又能知道如果情况反转还会带来什么蝴蝶效应呢？

当然，我们所创造的自由开放的互联网已出现了各种各样的隐私和社会问题，但也很难设想如果出现上述反转，我们在互联网上每次点击支付小额交易的情况能否得到优化。到了20世纪90年代，我们拥有了互联网，我们开始看到虚拟世界的首个发明创造。

✦ 早期的虚拟世界

1995 年，出现了 Active Worlds 和 The Palace 这两款游戏，并面向公众推广。虽然它们的界面更像是聊天室，但是用户在游戏中使用的是匿名的角色，而这个趋势也持续到未来的虚拟世界体验中。

1998 年，There.com 推出了一款虚拟世界游戏，玩家可以在游戏中探索、社交，甚至可以用该游戏的游戏币 Tbux 进行商品或服务的交易。在第一章"2032 年元宇宙愿景"里提到 There.com（以及其背后的开发者 Makena Technologies）吸引了众多像可口可乐和音乐电视网这样的企业，来到游戏里构建属于自身品牌的虚拟世界。

2001 年，大型多人在线角色扮演游戏（英文缩写为 MMORPG）《江湖》（*RuneScape*）发布。而到了 2012 年，《江湖》上的注册玩家已超过 2 亿人。各类精彩的 MMORPG 游戏，例如《魔兽世界》（*World of Warcraft*）、《上古卷轴 OL》（*Elder Scrolls Online*）和《冒险岛》（*MapleStory*）从 21 世纪初开始就一直引领着各大游戏社区。我们通常不会把 MMORPG 视为元宇宙的应用案例，因为我们认为元宇宙必须提供更广泛的游戏创造方式，但将虚拟世界和游戏内经济整合起来还是为玩家带来了真正的收益，而虚拟世界和游戏内经济这两个概念在 21 世纪初的区块链游戏中得到更广泛的应用。

然而，有一款游戏我们可以同时将其归类为 MMORPG 和早期元宇宙，那就是《第二人生》(*Second Life*)。2003 年，菲利普·罗斯戴尔（Philip Rosedale）和他的公司林登实验室开发出了《第二人生》，这款游戏和 There.com 非常相似，而且能够给用户群提供所有的游戏自由。《第二人生》的居民能拥有社交、参与个人和团体活动的空间，还能使用游戏里的林登币（可以兑换成现实世界的货币）来建造、创造、购买和交易虚拟财产及服务。《第二人生》在早期就有居民将其当成一种经济工具的实例，其中交易金额最大的成功故事之一发生在 2006 年，当时安社钟（Anshe Chung）以相当于 100 万美元的林登币出售了她的虚拟财产。不过，并非所有的交易活动都能实现如此之大的经济收益，其他居民在游戏中会通过设计和销售服装等物品，以及提供平面设计和建筑开发等服务获得数额不等的报酬。在 10 年内，《第二人生》就拥有了 100 万活跃用户并实现了约 5 亿美元的国内生产总值。是的，虚拟世界计算了自己的国内生产总值。《第二人生》将自己与其他早期虚拟世界区分开，因为它拥有可持续的产品和用户群。菲利普·罗斯戴尔在 2021 年接受采访时证实，他们的社区仍拥有约 100 万用户，并促成了约 6.5 亿美元的年交易额。

尽管《第二人生》的用户数量也许不可能超过 100 万了，但有另一款虚拟世界的游戏最终实现了如病毒般的快速增长，其所创造的数字经济达到了令人惊叹的高度。相信即使是像尼尔·斯蒂芬森这样的元宇宙预言者都会为之震惊，这个虚拟世界的游戏就是《罗布乐思》。

在 2004 年，戴维·巴斯祖奇（David Baszucki）和埃里克·卡塞尔（Erik Cassel）共同开发了《罗布乐思》，并在 2006 年面向公众发行。《罗布乐思》开创了由用户创造游戏和体验的游戏模式，同时也开创了基于虚拟服装和武器等游戏道具的经济交易体系，玩家可以用其原生数字货币罗布币（Robux）购买这些道具。在他们的游戏中，玩家可以用现实中的货币购买游戏币，但却不能将游戏币兑换回现实货币。《罗布乐思》形成了一个小型生态系统，直到 21 世纪 10 年代末才出现增长下降趋势。全球大规模流行让《罗布乐思》成为年轻群体与朋友进行互动的理想场所。据《纽约时报》2020 年 8 月报道，这款游戏的用户超过 1.64 亿人，全美 9~12 岁的儿童中有约 75%

在玩儿这款游戏。《罗布乐思》报告称，截至 2021 年 6 月，有
130 万创作者和开发者在赚取罗布币，并有望在 2021 年获得 5
亿美元的收入。

许多品牌自然也都看到了通过《罗布乐思》来吸引年轻
人的盈利机会。耐克和纳斯卡等公司已为这款游戏开发了相应
的品牌配饰和汽车。从那一刻起，《罗布乐思》这个平台已超
越了游戏的范畴，而晋升成为一个能够提供从教育到社交、从
数字聚会到音乐会等各类沉浸式体验的平台。现在他们常常被
认为是领先的元宇宙平台，而这个观点在 2021 年 3 月他们的
首次公开募股中得到了部分印证（他们的市值一直处于 300 亿
美元左右）。如今，经常收看 CNBC 的观众都知道两家元宇宙
公司，一家是 Meta，而另一家就是罗布乐思，这对其平台的
未来发展是个重要的信号。

经过这段时间的发展，我们确信数字原生环境是可以产
生经济效益的，There.com、《第二人生》《罗布乐思》等游戏
就是证明。但是，2009 年诞生的另一项技术将真正证明数字
资产和服务稀缺性和所有权的作用。

✦ 区块链和数字资产

电子邮件肯定是互联网的首个广泛应用案例。但实际上电子邮件的出现早于蒂姆·伯纳斯-李发明的现代网络。早在阿帕网时代，雷·汤姆林森（Ray Tomlinson）设计了一个电子邮件系统，用户可以在电脑上给下一名用户留言。当人们意识到计算机与计算机之间的通信将成为常态后，雷想出了 @ 这个符号，用此符号来明确指示出电子邮件发送的目标计算机，这可能是迄今为止使用时间最长的互联网发明。截止到 1976年，75% 的阿帕网流量是用在发送电子邮件上的。

到了 20 世纪 90 年代，这个互联网面向公众开放的时代，显然，互联网（以及电子邮件）的广泛使用让营销者们有了恶意散布不必要垃圾邮件的机会。为了抵制蜂拥而来的垃圾邮件，辛西娅·德沃（Cynthia Dwork）和莫尼·纳诺（Moni Naor）想出了一个主意，要求用户计算一个中等难度但并不难处理的函数。这个方法出现在他们 1992 年发表的论文《处理或打击垃圾邮件的定价方式》（*Pricing via Processing or Combatting Junk Mail*）之中。换句话说，就是计算机在网络上请求服务前，先要求其完成少量工作，由此来阻止恶意分子发送大量的流量信息（或电子邮件），这就是我们所说的拒绝服务攻击。

1997 年，亚当·巴克（Adam Back）在 Hashcash 技术中用工作量证明（*proof of work*）这个词组命名这个概念。Hashcash 是一个能够添加到电子邮件客户端，用来阻止垃圾邮件的工作量证明系统。尽管 Hashcash 除了在某些博客和电子邮件客户端被使用过之外，并没有得到更广泛的应用，但其仍是工作量证明系统的应用案例。我们看到了工作量证明这个技术的潜能。

加密技术在 1998 年也取得了相应的进展，但不是应用于互联网通信的方向上，而是被用在货币使用的方向上。在当时，戴伟（Wei Dai）关于 b-money 的概念初步成型，而 b-money 就是去中心化的分布式加密货币。虽然 b-money 从未被真正创造出来，但戴伟是系统性地制定互联网原生货币的早期先行者之一。

时间到了 2009 年，互联网终于拥有了首个区块链（用于记录交易的数字分类账本）和伴随区块链而生的相应资产。这里所说的资产就是比特币，它是世界上第一种利用去中心化的分布式区块链分类账本来验证、合法化和记录其交易信息的加密货币。2009 年 1 月 3 日，比特币的神秘发明者，化名中本聪（Satoshi Nakamoto），使用工作量证明系统挖掘出比特币区块链上的第一个区块——这个举动得到了 50 枚比特币的奖励。就在这一天，比特币诞生了，元宇宙的前进车轮也随之加速。

可操作区块链的出现，逐渐让创新者们从加密货币的应用案例上看到了更多其他数字资产应用的潜在可能。佑米·阿西亚（Yoni Assia）在 2012 年发表了一篇题为《比特币 2.X——初始介绍》的博客文章，文中设想了加密代币成为用于创建、购买、出售和拥有区块链特有资产的渠道。同年，佑米·阿西亚和另外 4 名作者联名出版了《彩色币白皮书》（*Colored Coins Whitepaper*），这 4 名作者中就包括我们非常熟悉的维塔利克·巴特林。在《彩色币白皮书》中概述了区块链上代币的各种用途，例如可以用于购买数字藏品、实现智能财产权、发行股票、创建社区专有货币以及获取和订阅服务等。最终，从彩色币理念中萌生了 NFT 的概念。他们所罗列的所有应用案例后来都成为 NFT 市场的发展基础。

比特币区块链上最早编写的协议之一是 Counterparty。2014 年，罗比·德莫迪（Robby Dermody）、亚当·克莱斯登（Adam Krellenstein）和乌齐耶尔·斯拉马（Ouziel Slama）推出了 Counterparty——首个去中心化金融平台，用户能够在比特币区块链上铸造属于他们自己的可交易货币和资产。《连线》杂志在 2014 年 7 月发表了一篇文章，文中写道 Overstock[①] 有

---

① Overstock 是 1999 年创建的一家位于美国的区块链公司。——编者注

意向使用类似 Counterparty 这样的平台发行首批区块链上的公开交易股票。Overstock 是最早对加密货币发展潜力产生兴趣的公司之一，而且该公司还成为第一家接受比特币作为支付方式的零售商。虽然从技术上讲，Counterparty 让比特币区块链成为所有加密领域发展的中心，但实际上却是以太坊获得了发展的成果。

维塔利克·巴特林早在他 18 岁的时候就开始研究区块链，当时他就已参与了《彩色币白皮书》的编制。这就是著名企业家和投资者彼得·蒂尔（Peter Thiel）发现塔利克的由来吗？真相不得而知。但无论如何，2014 年，年仅 20 岁的维塔利克·巴特林获得了蒂尔奖学金（Thiel Fellowship）。蒂尔奖学金向 22 岁以下的优秀学生提供 10 万美元的助学金，让他们能够到学校之外追求其他事业。塔利克所追求的"其他事业"正是迄今为止唯一能和比特币抗衡的区块链与加密货币。

2015 年 7 月，维塔利克·巴特林和加文·伍德（Gavin Wood）推出了以太坊（Ethereum）以及以太坊区块链。以太币的最小单位根据戴伟的名字而被命名为 wei，以此向这位加密货币最早的远见者致敬。值得注意的是，以太坊区块链提供了比比特币区块链更快、更经济的开发体验，而且以太坊的创始人并不神秘，人们甚至能与其进行互动。因此，以太坊网络能够为区块链开发者们探索智能合约的使用和构建去中心化应用程序营造更加友好的环境。正是因为这个原因，首批影响最广的区块链游戏、NFT项目和元宇宙平台都是在以太坊上开发出来的，这将在下一节中展开探讨。

你可能会思考元宇宙是否必须包含区块链。毕竟，《罗布乐思》的游戏环境和Meta公司的虚拟现实平台都没有使用这种技术，而这两者常常被认为是元宇宙领域的引领者。但是，如果你认同我们关于元宇宙的观点，那么你就会相信这个已得到许多人认同的观点，那就是元宇宙是朝着去中心化发展的——一个不完全依赖中央集权机构的互联网。因此，区块链对元宇宙而言确实非常必要，因为区块链使用点对点计算机网络来验证每一笔交易，而不是依赖某个中央集权公司或组织来处理所有交易。

接下来我们要聊的就是现代的元宇宙了。讨论到现在，各类技术——虚拟现实、互联网、虚拟世界和区块链——的发展时间线都已汇合到一个时间点，现在就到了见证真正的元宇宙体验形成的时刻了。

✦ 现代的元宇宙

如果《雪崩》启发了20世纪90年代和21世纪初的元宇

宙创造者，那么 21 世纪 10 年代的畅销小说，欧内斯特·克莱因（Ernest Cline）的《头号玩家》则把我们带向了元宇宙下一个阶段的愿景。《头号玩家》出版于 2011 年，故事背景设在 2045 年的反乌托邦未来，全球变暖和能源危机引发了广泛的社会问题。和那个时代背景下的大多数人一样，主角韦德·沃茨（Wade Watts）住在由一个个集装箱垒起来的贫民窟里。现实世界的机会越来越少，为了逃避现实，大部分人选择进入名为"绿洲"的虚拟世界中，这个虚拟世界需要通过虚拟现实头戴设备进入，穿戴上全身触感反馈装备能使虚拟世界里的体验变得真实。孩子们在绿洲里上学，因为虚拟世界比现实世界更安全。人们在绿洲里工作，因为虚拟世界里的货币比现实世界里的更稳定。总之，所有积极向上的美好场景都只在绿洲里。

绿洲的发明者詹姆斯·哈利迪（James Halliday）去世时，给数十亿用户留下了他设计的最后一项体验——寻找复活节彩蛋，获胜者将获得哈利迪的全部财产和绿洲世界的控制权。沃茨在元宇宙中的角色名为帕西法尔（Parcival），他要对付的不仅是绿洲中的其他用户，还有名为 IOI 的邪恶元宇宙公司，该公司聘用了无数虚拟角色，将他们源源不断地派入绿洲。在这个精彩的故事里，有大量 20 世纪 80 年代的电子游戏流行文化元素和元宇宙场景相融合的情节。

相较于《雪崩》,《头号玩家》呈现了更多元宇宙的可能。欧内斯特·克莱因出色地描绘了许多元宇宙里个人和职业发展的潜能,也描述了元宇宙世界在设计和体验上的不同之处,他的这本书影响非常深远。当这本书 7 年后由史蒂文·斯皮尔伯格(Steven Spielberg)执导翻拍成电影后,书中的元宇宙场景变得更加生动和真实。

在欧内斯特·克莱因的书出版几年后,也就是 2015 年,两名阿根廷开发人员开始开发一个基于区块链的元宇宙平台,名为 Decentraland,他们希望能将其打造成为一个与《头号玩家》中的"绿洲"非常类似的产品。阿里·梅利奇(Ari Meilich)和埃斯特班·奥达诺(Esteban Ordano)选择以太坊作为记录 Decentraland 上所有资产和交易信息的区块链。2017 年,他们首次发行代币,在约 30 秒的时间里筹得了超过 2600 万美元。在第六章"进入元宇宙"里,本书将详细阐述 Decentraland(以及它的其他竞争对手,包括 The Sandbox 和 CryptoVoxels),并为大家展示更多元宇宙的迷人之处。而我们现在想告诉大家的是 Decentraland 已经取得的成就,2021 年年底,一家名为 Metaverse Group 的虚拟房地产公司以 61.8 万

MANA①（当时相当于约 240 万美元）的价格在 Decentraland 购买了 116 个地块。

另一个类似的元宇宙事件是，没有创建在区块链上的《宝可梦 Go》（Pokémon Go）在 2016 年公开发行，并迅速成为美国最流行的游戏。《宝可梦 Go》是第一款将增强数字世界覆盖在现实世界之上的游戏，玩家使用他们的移动设备，通过全球定位系统来追捕和抓获放置在现实世界里的宝可梦。早在 2000 年，高德纳咨询公司（Gartner）就创造了"超网"（supranet）这个术语，用来指代互联网时代下虚拟世界和物理世界的融合。《宝可梦 Go》是对"超网"这个概念的最好诠释。

在《宝可梦 Go》成为增强现实体验领域首个爆款游戏的同一年，另一个元宇宙概念的首款使用案例也出现了，这就是 DAO。首个 DAO，其名称正好也是 The DAO，它在 2016 年 5 月推出可销售代币并获得了众筹资金，创造了当时众筹活动成交金额的最高纪录。DAO 展示了风险资本是如何被重塑为由集体出资和控制，能用于企业投资，又能实现增长的风险投资。不幸的是，仅一个月后，有用户利用 The DAO 的漏

---

① MANA 是 Decentraland 里的代币。——译者注

洞，偷走了至少三分之一的资金。虽然 The DAO 失败了，但是DAO的理念却得以留存。许多元宇宙公司采用了DAO结构，在该结构下的公司，参与者和所有者都能获得实际的治理权。

随着 2017 年的到来，2012 年提出的彩色币愿景终于开始显现，终于出现了首款以区块链为基础的数字藏品。约翰·沃特金森（John Watkinson）和马特·霍尔（Matt Hall）在以太坊区块链上创作了 10000 个名为加密朋克的 NFT 虚拟角色。每个加密朋克都是根据一份稀有度不同的特征列表，通过算法生成的，因此某些加密朋克在客观上就会比其他的更加稀有。维基百科显示，该项目的灵感来自伦敦朋克大爆发、赛博朋克运动和电子音乐乐队蠢朋克乐队（Daft Punk）。然而，我们的个人理解是加密朋克这个命名是对 Cypherpunks 的致敬。Cypherpunks 是一场发生在 20 世纪 80 年代和 90 年代的非正式密码学家运动，戴伟也是该活动的参与成员。回到 2017 年，生成和销售一个加密朋克的费用不到 50 美元，而截至 2022 年 2 月，在公开市场上，一个加密朋克的价格不低于 17.5 万美元，顶级拍卖行对最稀有的加密朋克估价已高达 9 位数。

加密猫（CryptoKitties）上市一个月后，就推出了首款 NFT 游戏。加密猫和加密朋克一样，都是通过算法生成而来。加密猫这个项目的独特之处在于，其不仅提供数字藏品的所有权，还提供游戏化的体验。加密猫的拥有者可以通过养成游戏来产生新的 NFT 小猫，由此用户就能与他们的数字资产进行独特的互动。

虽然加密朋克和加密猫并不属于最早的那批 NFT，但是它们在 2021 年 NFT 开始风靡之前就已被广泛接受。因此，首批 NFT 作品创造者的光荣头衔应该授予凯文·麦科伊（Kevin McCoy）和阿尼尔·达什（Anil Dash）。在 2014 年，一场名为 Seven on Seven 的活动中，这对搭档首次提出了在区块链上给数字资产定性并对其进行跟踪的方法，他们将这份 NFT 作品命名为《量子》（Quantum），并以低廉的价格出售。时至今天，他们所设计的这份协议仍在 NFT 领域里被广泛应用。

加密猫让我们首次看到了 NFT 游戏，而直到 2018 年，我们才认识到"边玩儿边赚"的 NFT 游戏模式，这个模式让 NFT 有了真正的作用。Sky Mavis 这家初创公司推出了《无穷阿西》（Axie Infinity），这是一款回合制格斗游戏，在游戏里用到的 NFT 角色被称为阿西（Axie）。《无穷阿西》的玩家必须购买 3 个阿西角色，并使用所购买的 NFT 角色才能进入游戏，通过与其他玩家格斗或进行游戏任务来赚取游戏里的代币。它既可以兑换成其他加密货币，也可以用来培育新的阿西角色，玩家可以在阿西角色的 NFT 市场上出售这些角色。《无穷阿西》在 2021 年出现爆发性增长，特别是在东南亚地区，日活跃用户超过 180 万，他们的玩家社区通过游戏创造了超过 20 亿美元的收入。虽然边玩儿边赚技术的起源要追溯到 21 世纪 10 年代的日本游戏（例如《冒险岛》），但是《无穷阿西》是第一款成功将该模式整合到区块链上的游戏。

当 2020 年全球暴发新冠肺炎疫情时，许多人开始在元宇宙相关平台上消遣娱乐和社交。《我的世界》《堡垒之夜》和《动物之森：新视野》（*Animal Crossing: New Horizons*）等热门游戏迎来了一波增长和用户黏性的增强。我们先要声明的是，虽然这些游戏并没有整合区块链或 NFT 技术，也不需要通过虚拟现实游戏设备进入，但是在某种程度上它们仍然应该被定性为现代的元宇宙平台。特别是这些游戏让年轻人认识到了虚拟世界中的数字经济和数字资产所有权。随着这批用户年龄的增长，元宇宙的发展将进入快车道。这一大批用户都将是潜在的元宇宙用户，截至 2021 年 3 月，《我的世界》的月活跃玩家超过 1.4 亿。从 2017 年创立到 2021 年，《堡垒之夜》的用户基数已经增长到 3.5 亿注册用户，并在 2020 年实现了超过 50 亿美元的数字装备收入。平台上还举办了马什梅洛和特拉维斯·斯科特的演唱会，每场演唱会都吸引了 1000 多万观众。在《动物之森：新视野》发行 1 年后，其销量已超过 3200 万套。

新冠肺炎疫情不仅带动了元宇宙游戏，还带动了NFT市场。在2020年年底，NFT市场也开始发迹。尤其是迈克·温克尔曼，绰号Beeple，在NFT交易平台Nifty Gateway上卖出了他的第一份NFT作品。几个月后，也就是2021年3月，他又在佳士得拍卖会上以6900万美元的价格卖出了一套名为《每一天：前5000天》（*Everydays: The first 5000 Days*）的NFT藏品。

这次交易在很大的程度上刺激了NFT市场的强势增长。创作者、开发人员和明星纷纷涌入这个快速发展的、将数字货币化的新兴模式。我们甚至无法了解在这段时间内所发生的所有重大交易的大致情况，但据我们统计，在2021年内产生的NFT交易额超过200亿美元。

无论是通过区块链游戏还是通过虚拟现实头戴设备来购买虚拟房产、创建沙盒环境或进行NFT交易，世界各地的人们每天都会通过形形色色的渠道加深对元宇宙的了解，而其中的每一种渠道都是构建元宇宙这个更大愿景的拼图之一。

第五章

元宇宙的模块建设

真人秀已成为最受欢迎且最赚钱的娱乐节目形式之一，这早已不是什么秘密。《老大哥》(*Big Brother*)、《幸存者》(*Survivor*)和《真实世界》(*The Real World*)等这些真人秀节目带动了在电视上观看普通人生活这类节目的流行,《与卡戴珊一家同行》(*Keeping up with the Kardashians*)证明了真人秀节目的规模和影响力能有多大。21世纪初，众多有线电视网几乎都将所有节目安排成了真人秀。正当我们觉得已经看够了真人秀节目，电视网又会抛出内容略有不同的衍生剧。

虽然真人秀节目一直在变化，但是却从没有出现能让观众有机会影响真人秀结果的形式。我们所说的这种形式并不是像《美国偶像》(*American Idol*)那样的粉丝投票机制，而是真人秀的情节发展动力和动因都掌握在观众群体的手中。

直到《巅峰对决》(*Rival Peak*)这个节目的出现才开始有了这个类型的变化。《巅峰对决》是2020年年底推出的一档体验式竞赛真人秀节目，节目中有12名人工智能选手，这12名选手的命运和去留都由观众掌控。整个节目可以在脸书智能手表上收看，由13个不同的视频频道构成。其中12个频道对应每位选手，观众能在各条全天候的直播流中观看他们最喜欢

（或最不喜欢）的选手情况，并在互动排行榜上进行投票，从而决定节目发展的方向。例如能够决定明天的天气如何，或在比赛决策和比赛项目中帮助或阻碍选手，或帮选手们解决困难等。第 13 个频道是《巅峰对决》的周回顾节目，主持人威尔·惠顿（Wil Wheaton）会总结选手们所发生的事件并给出评价。这种全新的节目形式是由三家专业公司共同构想和创作，它们分别是游戏开发商 Pipeworks Studios、互动广播公司 Genvid Technologies 和好莱坞制作公司 DJ2 Entertainment。

这档节目完全不是无人问津的小众节目。《巅峰对决》的节目播放量堪比大型电视节目，甚至超过了网飞上的大部分视频内容。在一季 12 周的播出过程中，观众投出了数百万张影响节目发展的选票；12 个参赛选手节目频道的总观看时长超过 1 亿分钟；《巅峰对决》每集平均播放量为 1200 万次，合计的总播放量为 1.55 亿次。但也许最值得注意的数据是第 12 周的观众观看时间超过了第 1 周观看时间的 55 倍以上，从该数据能看出随着时间推移，节目的影响力正在日渐增长。

我们为什么要讨论这档由人工智能选手参与的真人秀节目呢？这和在元宇宙的模块建设又有什么关系呢？

首先，这档节目验证了观众是否能够接受"现实"娱乐节目里的角色并不是真实存在的人物，这对元宇宙世界里电视节目的呈现方式有着重大意义。其次，这档节目也展示了使用Unity Technologies 等元宇宙构建工具所能创作的节目样式。

以虚拟角色为主的娱乐节目将会是一个非常精彩的趋势方向，这个趋势也已与元宇宙共同发展了一段时日。请各位少安毋躁，关于这个趋势的情况都将在本章中为各位一一呈现。

在美国，里尔·米奎拉（Lil Miquela）从 2016 年开始风靡全球，她是一名 19 岁的数字人（或称为角色），痴迷于潮流时尚，她的所有生活都发布在照片墙上。而当她的粉丝量超过300 万之后，品牌商开始注意到她的存在，例如《VOGUE》、卡尔文·克雷恩（Calvin Klein）和普拉达（Prada）这样的品牌开始在真人模特的时尚广告中融入她的形象；里尔·米奎拉随后和许多照片墙上的著名网红一样，开始创立自己的服装品牌，投身音乐事业，并执导了一部关于自己生活的纪录短片。

最早取得成功的数字人是初音未来（Hatsune Miku）。在很长的一段时间里，初音未来一直是日本最著名的流行歌手之一，粉丝超过 200 万，而且她还曾和雷迪嘎嘎以及法雷尔（Pharrel）一起作为开场歌手同台表演。但如果你在谷歌上搜索她的名字，就会发现一些奇怪的地方。她并非真实存在（在现实世界中），她在舞台上的表演需要通过全息图像技术来呈现。初音未来是首位虚拟的流行歌手，而且给未来的虚拟流行歌手树立了很高的行业标准。有趣的是，初音未来是由克理普敦未来媒体（Crypton Future Media）开发的，开发初音未来是为了推销应用于音乐行业的声音合成软件。他们把初音未来设计成软件产品性能的展示样品，从这个意义上说，初音未来应该是首位虚拟的品牌大使。即使以今天的标准来看，这也是相当超前的理念，更不用说在 2007 年她首次出现在公众面前的时候了。抛开声音合成软件不谈，这十几年来，初音未来的演出场场爆满，也证明了她本身的魅力。

很明显，我们能够接受数字人物的娱乐项目。这对拥有电子游戏、卡通漫画或动画电影等大型知识产权的个人或企业来说具有重大意义。想象一下通过元宇宙实现与这些角色的见面会的话会是什么样的场景。《瑞克与莫蒂》（*Rick and Morty*）里的瑞克（Rick）和《南方公园》（*South Park*）里的卡特曼（Cartman）通过在娱乐领域的多年发展，已坐拥庞大的粉丝群。还有电子游戏中的那些非玩家角色，例如《宝可梦》里的大木博士、《传送门》（*Portal*）中的 GLaDOS，还有《光环》中的科塔娜（Cortana），粉丝们绝对会喜欢和这些角色一起相处和互动。试想一下，如果《巅峰对决》里的这些我们之前不熟悉的虚拟角色都能够吸引 1 亿分钟的观看量，那么迪士尼（Disney）旗下所有代表性角色也推出同样的互动体验，又会有什么样的效果呢？

　　当我们着眼于即将崛起并成为吸引观众眼球的元宇宙娱乐类型时，虚拟角色为我们提供了许多可能，而《巅峰对决》给出了能够让卡通或动画电影在元宇宙中获得重生的全新思维方向。

　　《巅峰对决》和虚拟角色能让我们如此喜爱的原因有以下两个：一是《巅峰对决》的设计采用的是 Unity 这款软件工具——这款软件可以说是设计 3D 空间、物体和其他元宇宙资产方面的领先工具；二是 Unity 的主要业务之一就是开发虚拟角色、非玩家角色和数字孪生。说了这么多，让我们来看看用来构建元宇宙的工具。

✦ 主要的元宇宙工具

　　在 2018 年，有三分之二的增强现实和虚拟现实应用程序是使用 Unity 来开发的，我们有理由相信剩余三分之一的应用程序中的大部分是使用 Epic Games 的虚幻引擎开发的。虽然我们无法找到当前市场份额的具体数据，但是如果你与任何一位游戏开发者、扩展现实应用程序开发者或 3D 设计师交流，他们很可能都会说自己使用的是这两种工具中的一种。

Unity 和虚幻引擎是用于实时设计和渲染 3D 内容的 3D 创作工具。不管是电影、电子游戏、建筑还是汽车行业，在所有需要用到 3D 设计的行业中，这两种软件工具都能找到自己的一席之地。来举一个虚幻引擎应用多样性的小案例来证明这些工具的影响力。大家都知道《堡垒之夜》，这款游戏自然使用的是他家自有的虚幻引擎。但如果你打开维基百科，输入"虚幻引擎游戏清单"进行搜索，你会发现这份清单里有接近 1000 款游戏（我们没有认真算过具体的数字）。除了游戏之外，虚幻引擎还被应用于热播电视剧《曼达洛人》（*The Mandalorian*）和《西部世界》（*Westworld*）的特效制作之中。在 2018 年的佛罗伦斯飓风期间，天气预报频道也利用虚幻引擎，制作了相应的现实可视化影片，来报告风暴潮将会对附近街区造成的影响情况，甚至连制药公司都在使用虚幻引擎来进行 3D 分子的可视化和操作研究。

回到虚拟角色的话题上，Unity 最有趣的技术应用方向之一就是模拟非玩家角色的动作。所有玩过电子游戏的玩家都知道什么是非玩家角色，他们在游戏里是通过经营临街店面来告诉我们下一个需要执行的任务，以及进行其他事件来推动游戏情节的发展。但 Unity 也意识到非玩家角色在商业应用上的作用。在《连线》杂志 2022 年的一篇文章中，记者塞西莉亚·达纳斯塔西奥（Cecilia D'Anastasio）用过山车设计的比喻来阐述这个观点，她指出，工程师不可能在急转弯处用真人试验几百次，来确认玩家是否会从过山车里飞出。但工程师可以将真实玩家的身高、体重、动作和行为特性编入非玩家角色，并在数字过山车中用非玩家角色进行模拟测试。工程师还能编入更多过山车乘客的其他各类特性，例如年龄结构等。塞西莉亚·达纳斯塔西奥解释道："Unity 将这个想法转化为它的一个业务分支，并正在改进其游戏引擎技术，由此来帮助客户制作现实生活中各类物体的数字孪生，这些物体可以是某种物品、某个环境，现在甚至可以是某类人群。"

Unity 和虚幻引擎之前通过为电子游戏提供图形软件服务起家，现在它们都已将业务扩展到了模拟领域。

2002 年，迈克尔·格里夫斯（Michael Grieves）首次提出数字孪生的概念，这个概念是指创建所有物理对象的对应数字孪生，以便提高对产品生命周期的管理。现如今，数字孪生已成为 Unity 和虚幻引擎的核心业务。

这一系列的软件能够训练人工智能，从而使数字孪生的行动和行为越来越接近现实世界一切事物的真实情况，例如金属上锈迹形成的过程以及当"人们"遇到汽车向其方向冲过来时的反应，等等。这样的模拟软件具有极其重要的作用。

例如，香港国际机场的设计工作就是考虑到 Unity 所拥有的模拟能力才选择了该工具。在设计过程中，他们对机场进行了各种紧急情况的压力测试——包括火灾、洪水和停电等情况测试——验证在最坏的情况下，人流应该如何疏散。

Unity 的技术是面向多领域人群的，因此现实数字孪生的 Unity 作品一定会在元宇宙领域里发光出彩。让我们回头再看看以人工智能角色为主的真人秀节目《巅峰对决》，Unity 和虚幻引擎的技术将能够让这个类型的节目内容变得更加真实。不仅是元宇宙的真人秀节目，还有元宇宙社交应用程序、游戏、办公环境等都能够通过这两种模拟引擎的技术变得更为真实。

我们所列举的这些例子是为了让大家理解 Unity 和虚幻引擎在构建元宇宙的模块上举足轻重的作用。显然，上述的所有例子中几乎没有一个是可供探索的公共元宇宙，但这些案例都是使用 Unity 或虚幻引擎构建而成的，因此只要它们的开发者愿意，这些案例就可以分布到数百万个设备之中。

除了能够设计出酷炫的 3D 环境和物体之外，这两种设计工具还有一个显著优势，那就是在其软件环境内所具有的交互性。

如果你是一名游戏开发者或增强现实开发者，那么你经常会遇到一个艰难的抉择：应该选择在哪个平台上开发产品。

由于智能手机、游戏机、虚拟现实头戴设备和个人电脑等设备的种类繁多，而且各大软件平台又互不相通，开发者们经常要面对这样的选择困难。需要构建和布局的平台太多，又没有足够的资源来解决所有平台的问题。

然而，Unity 和虚幻引擎解决了这个交互性的问题，开发人员和设计师们只需要进行一次设计操作，就能实现几乎所有设备和文件类型的应用部署。从这个意义上说，这两种软件工具就是元宇宙的转换层。只要你在设计中输入所需的变量，它们就能按要求修改文件。

2020 年 Epic Games 首席执行官蒂姆·斯威尼（Tim Sweeney）在接受《洛杉矶时报》（*LA Times*）的采访时，他曾高度概述过他们在游戏环境互操作性上的尝试。他是这么解释的：以前的观点认为竞争对手之间的平台必须彼此互不相通，而在《堡垒之夜》中这个观点得到了修正，Xbox、PlayStation 和 Switch 的玩家能够实现在不同设备上一起进行游戏，所有设备的使用率也因此得到了提高。这个案例也预示着如果大家共同努力，就会有更大的优势和机会。

虽然斯威尼所提及的案例大部分都是电子游戏领域的，但是有许多领域都在使用这些软件工具，因此他的这个观察结论也适用于整个元宇宙行业，交互性的哲学观点对于实现开放和互联的元宇宙至关重要。

虽然有相当一部分 3D 设计是在这两个软件平台上操作的（如果你想要设计元宇宙作品，那么你一定要去试试看），但是我们想要提醒大家的是，它们并不是唯一的选择。

✦ 其他的元宇宙工具

由于许多行业需要用到 3D 建模工具，因此为了满足各类行业的特殊需求，出现了各种各样的软件套件。经过多年的发展，这些不同软件套件的使用界限逐渐变得模糊。但哪类行业使用何种对应的软件工具来进行 3D 模型设计和数据呈现还是形成了普遍的共识：

- AutoCAD——建筑行业
- Autodesk Maya——电影和电视节目的特效制作
- Blender——建模、渲染和动态化 3D 图形的一体化工具
- Cinema 4D——添加 3D 设计运动
- ZBrush——对虚拟角色进行数字雕刻

这只是适合初学者制作元宇宙的设计软件简明清单，并没有列出所有元宇宙的设计工具，因此，请自行研究，寻找符合你需求的工具。在商业应用方向上，创作者通常会使用上述

工具及其他工具来设计他们的作品，然后将作品导入 Unity 或虚幻引擎，在 Unity 或虚幻引擎上，他们能够在整体环境中协调多个作品，并将他们最终的产品传送到数百万个设备上。

需要指出的是元宇宙的文件标准并不是一成不变的。不是一定得使用 Unity、虚幻引擎或任何其他特定工具才能得到想要的作品，还有许多沉浸式设计开源标准能够开放给用户使用和创建作品，而且并不要求用户必须使用该公司的产品或向其支付抽成。例如，当使用虚幻引擎进行设计的应用程序每季度收入超过 3000 美元时，Epic Games 才会向该应用程序收取其营业总收入的 5% 作为费用。

下面介绍了许多元宇宙的开源标准和交换格式。

OpenXR 是一款免版税的、用于扩展现实应用程序的标准，可在多种设备和扩展现实格式间实现相互操作。

WebXR 是一款 JavaScript 应用程序接口，允许开发人员在多种设备中呈现他们的扩展现实应用程序，所适用的设备包括 HTC Vive、Oculus Rift、谷歌的 Cardboard 和开源虚拟现实。

WebAssembly（Wasm）是一种二进制指令格式，旨在实现多种扩展现实语言间的移植。有超过 20 种语言可以编译为 WebAssembly 格式，包括 Rust、C/C++、C#/.Net、Java、Python、Elixir、Go，当然还有 JavaScript。

XR Engine 是一款端到端框架和可视化编辑器，可实现构建元宇宙游戏和社交体验、设计虚拟角色以及将元宇宙作品链接到区块链上的操作。

VRM 是一种文件格式，用于信息托管和嵌入，例如将个性特征嵌入 3D 角色之中。

WebGPU 是一个互联网标准和 JavaScript API 的工作名称，能够让图形处理器（CPU）性能不太理想的设备也拥有现代 3D 图形编制和渲染性能，但目前暂未对外开放。

Dat 是一个数据共享协议，能够在计算机网络上实现数据分布和托管，从而使创建者在处理大量数据（这在构建元宇宙工作中是必需的）的同时，不会对其硬盘驱动造成压力。

IPFS（星际文件系统）是一种在分布式文件系统中存储和共享数据的协议和点对点网络。你可能会在 NFT 市场中接触到 IPFS，通常 NFT 创作者会使用 IPFS 托管 NFT 内容。

采用这些标准进行设计的好处是，这些标准是开源的，且其开发者社区一直在持续改进标准。换言之，就像是维基百科和大英百科全书之间的区别，开源平台（例如维基百科）具有更快速的开发更新优势，而由企业开发的、已经经过多次压力测试的部署软件（例如大英百科全书）则能够确保其所制作的作品性能准确。

✦ 构建你的首件元宇宙资产

好了，我们不再兜圈子了，接下来要介绍的是快速学会使用这些工具的方法。想要构建一个令人印象深刻的元宇宙体验并不容易。

我们来看看布鲁克林篮网元宇宙（Brooklyn Netaverse）的案例，这也是 NBA 球队布鲁克林篮网（Brooklyn Nets）进入元宇宙的方式。他们在主场比赛中采用了实时的 3D 视频流，让虚拟现实用户能够在球场上的任意位置观看比赛。这与早期的虚拟现实 NBA 比赛大不相同，在早期的虚拟现实比赛中，观众只能通过几个特定的场边摄像机角度来观看比赛。布鲁克林篮网元宇宙对球场上所有 10 名球员进行了逐一扫描，并在虚拟现实环境中对其进行实时渲染。为了实现这种体验，他们用 100 多台高分辨率摄像机对巴克莱中心球场进行全方位拍摄，并正在对这些画面进行渲染，之后将把这些渲染好的画面拼接到虚拟球场之中，而目前并没有现成的软件可以呈现出这样的元宇宙作品。

当然，你的第一个元宇宙作品不必如此精致。你可以从一个简单的 3D 对象开始创作，例如桌子、耳机或任何你想创作的物品。你还可以为你的公司的实体产品创建数字孪生，也可以为你的团队创作虚拟角色。你只需要认识到，开发者们一直在不断突破界限，而现在仍然需要付出更多的努力，才能实现更加引人入胜的效果。但是，不要因为想给别人留下深刻印象而陷入焦虑，最重要的是先踏出第一步，开始着手尝试。一旦开始着手制作，你就会更加了解如何进一步开发和改进自己的元宇宙项目。

关于如何构建你的首件元宇宙作品，这个话题本身就可以写成一套系列丛书，你可以从本章中所列出的工具和资源着手开始研究。

值得欣喜的是这些工具会随着时间的推移而变得更简单、更易于使用。在接受 The Information 的采访时，Unity 公司的首席执行官约翰·里奇蒂耶洛表示，他预计在不久的将来，最大的技术突破将出现在某种类型的人工智能领域，而不是出现在硬件平台领域。他认为比起仅靠开发者自身的能力，在人工智能辅助技术的协助下，开发者能够创建出更好的 3D 环境。

在可以自动为你设计出 3D 环境的人工智能出现之前，现在只有亲自动手才是创造你首件元宇宙作品的唯一出路。

第六章

进入元宇宙

罗伯特·多伊尔（Robert Doyle）曾是职业房地产经纪人，但之后他的事业发生了大转变，他开始从事虚拟土地和元宇宙领域的投机业务。这句话里的讽刺感太真实了。罗伯特·多伊尔是早期元宇宙的参与者之一，他的竞争优势仅仅是对新技术感兴趣，愿意深入学习新兴项目，并且能够坚守承诺，说到做到。

应该注意的是罗伯特·多伊尔不是加密领域的普通角色。他运营着超过 500 个区块链节点，投资了近 200 个加密项目，并经营着一家加密咨询公司。因此他完全不是一个新人，但他的故事和其他早期进入元宇宙领域的人并没有多大区别。

罗伯特·多伊尔因其在波尔卡城（Polka City）这个元宇宙平台上拥有非常特殊的资产而登上了新闻。Polka City 的目标是成为加密货币领域的《侠盗猎车手》。《侠盗猎车手》是一款广受欢迎的电子游戏，在这款游戏里，玩家需要不断争取提升排名来提高能力。和大多数元宇宙项目一样，Polka City 在游戏开发之前就开始销售游戏内部的资产，这么做是为了获得进行游戏设计这个庞大任务的资金，所出售的游戏内资产包括喷气发动机组、出租车、热狗摊和加油站等。

当 Polka City 宣布正在打造这些 NFT 时，罗伯特·多伊尔就已将目光锁定在能够创收的资产之上。他分别花了 2.3 万美元和 3500 美元买了一家汽车修理店和一家银行。当 Polka City 上线运行时，这两家店的业务将以事先确定的比率产生收益——汽车修理店每周收益为 3750 枚平台代币，并对每名游戏内公民加收 0.00001% 的费用，银行则将从每笔由其他加密货币兑换为平台代币的交易中收取 25% 的资金过桥费。

罗伯特·多伊尔是元宇宙里的小企业主。虽然 Polka City 还处于开发阶段，但是就像战略投机商在城镇繁荣地区购买土地的做法一样，人们对这个元宇宙平台的需求增长，他的资产就会升值。仅这些资产的增值就为他赚了将近 10 万美元。 这些增值的利润是以平台代币来体现的，当然，他可以将其变现。但和其他人一样，他打算放长线钓大鱼。

罗伯特·多伊尔只是众多元宇宙早期参与者里的一位，而他在不同的元宇宙平台里寻找着边缘机会。这并非都是盲目押注，而是通过对开发团队、社区力量和其实现规划蓝图的能力进行正确的尽职调查后得出的结论，像罗伯特·多伊尔这样的人就能够在乱石堆里发现钻石。现在这些钻石的价值仍存在投机性，但它们终究还是钻石。

毫无疑问，大多数元宇宙早期参与者的目的是为了寻求经济收益，但是需要提醒大家注意的是，不要认为这就是人们进入元宇宙领域的唯一理由。

那么，瑞安·赫尔利（Ryan Hurley）和坎迪丝·赫尔利（Candice Hurley）在 Decentraland 里注册结婚的经济动机是什么呢？

赫尔利夫妇都喜欢 Decentraland 和元宇宙平台，也经常在其中流连。他们这么做的动机是想通过这个行为来开创新的元宇宙应用先例。他们的婚礼将成为首场在以区块链为基础的元宇宙平台上举行的婚礼，也将会和另外两场轰动区块链的婚礼活动一起被载入历史。这两场活动分别是 2014 年，在迪士尼世界比特币大会上举办了首场区块链婚礼，这场婚礼在区块链上写道："无论世事如何变化，区块链永恒存在，只有死亡能将我们分离。"另外一场是在 2021 年，一对在数字货币交易平台 Coinbase 工作的加州夫妇在以太坊上写了一份智能合约，合约上约定在婚礼期间发行"戒指"NFT。赫尔利夫妇现在已成为区块链婚礼历史上的典范，他们作为元宇宙的早期应用者，勇于将他们的想法付诸实践，由此他们也重新点燃了让虚拟婚礼流行于世界的愿景。赫尔利夫妇的例子也恰恰证明了我们在第三章"为什么你现在就得关注元宇宙"中关于元宇宙兴趣极客的论点。

罗斯律师事务所（Rose Law Group）作为处理这段婚姻合法性和这对夫妻在 Decentraland 里婚姻资产问题的代理人，也将因此而迎来长远的机遇。

现在能够参与到元宇宙领域之中的方式非常多。本章将从多个方向介绍各类应用案例，有实际发生的，也有尚在构建中的。

并不是所有的元宇宙都是一样的。因此，我们先对元宇宙的类型进行分类，并用相应的应用案例来具体说明该类型的情况。

● 沙盒元宇宙：在内容构建、个人虚拟角色的设计以及游戏经济体系的购买行为等方面，用户享有高度自由权。

● 游戏元宇宙：虚拟的电子游戏环境，为玩家提供明确的目标和任务，同时也为玩家提供边玩边赚的经济模式。

● 其他元宇宙：不符合上述任何类型，但能够提供具有特色的元宇宙体验，这些元宇宙体验可以与其他元宇宙平台相结合。

当然，大多数元宇宙平台并不能简单地归属于某个单一的类型，而是结合了各个类型的某些点。

很快你就能意识到可供选择的元宇宙平台是如此之多，多到让你觉得只投身于某一个平台是非常不明智的选择。有些人会坚定看好某些元宇宙平台的前景，例如 DCL Blogger[1] 就围绕 Decentraland 构建了完整的品牌和业务方案。但如果你还处于学习阶段，那最好还是多尝试几个不同的平台。

只要你渴望尝试新事物，就一定能找到元宇宙的边缘机会。请按我们所说的，从今天起，请你用各种方式来开始探索元宇宙吧。

✦ 沙盒元宇宙

沙盒元宇宙的由来可以追溯到沙盒电子游戏，而这个名字自然也是来自沙盒游戏。在沙盒游戏里，孩子们能够创作各种各样他们想要的作品。沙盒游戏就像《我的世界》和《罗布乐思》一样，提供了一个开放的世界，供玩家探索和创作。尽管沙盒游戏为用户提供了基础的工具和资产，但是游戏开发者并没有预先设定任何游戏目标。从这个意义上说，沙盒游戏的唯一任务就是激发创造力。就像是一副扑克牌，确定了组成结构，只有 52 张牌和 1 对王牌，而具体的玩儿法完全凭玩家自

---

[1] DCL Blogger，作者真名是马蒂（Matty），他偶然间发现了 Decentraland，并决定创建 DCL Blogger 来记录他对 Decentraland 和 NFT 的想法及学习，他是 MetaKey 的创始人。——译者注

己的想象力。

可以说沙盒游戏在某种程度上是将游戏开发任务进行了众包。这也使沙盒游戏能够通过网络效应不断发展、壮大。当用户在沙盒环境中创造出一款新游戏或一项新活动时，便成为吸引新用户的机会，同时这也会让现有用户在游戏中投入更多时间。

沙盒元宇宙和沙盒游戏的不同之处在于沙盒元宇宙整合了区块链。沙盒元宇宙中的所有土地和资产都可以被做成NFT，并能够在区块链上对其进行追踪。由此也能够让游戏中的装备和数字资产真正具有所有权和稀缺属性。

沙盒元宇宙将自己塑造为一个未经开发的领域，用户能够随心所欲地构建自己的空间，创作想要的任何物品。虽然所有权是调动用户的驱动力，但是社区的承诺是留住用户的关键。

虽然目前还没有一个元宇宙能真正做到像镜像世界那样，将现实世界中所有经济驱动力都搬到虚拟世界之中，但是沙盒元宇宙是最接近镜像世界的元宇宙类别。沙盒元宇宙给用户的自由非常多，让他们能够创建想要的事物，而沙盒元宇宙也拥有最多由创造者创建的、独一无二的作品。我们无法谈及所有沙盒元宇宙平台，只能选出其中最出众和最有趣的几个进行探讨。那么，请做好准备，让我们开始进入第一个沙盒元宇宙平台进行探险吧。

Decentraland

Decentraland 是最早的、以区块链为基础的元宇宙平台，在它创立和运营之时，大多数元宇宙平台还尚未启动和运行，Decentraland 因此而受益颇多，这也为本节提供了大量值得探讨的信息。

阿里尔·梅利奇（Ariel Meilich）和埃斯特班·奥达诺（Esteban Ordano）在 2015 年启动这个项目之初，他们的目标是创建一个完全由用户群所有并按社区想法开发的平台。虽然主流媒体大多数将 Decentraland 描述为利用不合乎常理的数字土地热潮而发展起来的众多元宇宙平台之一，但是 Decentraland 并不是在人们开始在意购置数字资产时创建的。恰恰相反，它诞生于我们都在担心大型科技平台过多地占有和控制我们的数字生活之时。

Decentraland 是一个以浏览器为访问基础的虚拟世界，目前开放给用户探索的区域是创世之城（Genesis City）——Decentraland 里的首张地图。创世之城由 90601 块用户所有的土地组成，这些土地通过主干道实现相互连接，并按各个辖区大致划分出区域。这里的辖区是指根据体验、业务、建筑风格或区域内居住者的情况不同而划分出的不同区域。其中一些较大的区域包括赛博朋克区、博彩区、音乐区、游戏区和购物区。

除了平台内的土地及所有其他对象都可以做成由 NFT 体现所有权的稀缺资产以外，Decentraland 的独特之处还在于任何实体或公司都无法决定 Decentraland 的未来，就算是 Decentraland 的创始人也不行。相反，该元宇宙平台的发展决策由 Decentraland 的去中心化自治组织（DAO）来决定，他们的网站上是这么描述的："Decentraland 的 DAO 拥有构成 Decentraland 最关键的智能合约和资产，包括土地合约、不动产合约、可穿戴设备、内容服务器和市场等，其还拥有大量代币，使其能够真正实现自治，并资助 Decentraland 内的各类运营活动和计划。"

持有土地（Decentraland 内的土地）或代币的用户将获得与其所持资产份额对等的投票权。用户可以通过行使他们的投票权来影响 Decentraland 内的各项计划方案。如果你访问 https://governance.decentraland.org，就能看到一大张已投入执行的计划方案清单。其中一些建议很简单，比如要求在 Decentraland 的官方地图上设置一个标记为"兴趣点"的特定位置，而有些计划则更复杂，需要通过拨款才能执行。

例如，雅美尔·贾迪（Yemel Jardi）提出了一款名为Decentraland Snap 的边赚边玩儿游戏计划方案，旨在鼓励Decentraland 市民成为虚拟摄影师。这场竞赛游戏每周评选一次，选手通过提交在 Decentraland 里拍摄的照片或视频来参与比赛，争夺奖品。计划还阐述了这项比赛有利于 Decentraland 创作出更多能与世界分享的、由其用户所创作的内容，也有利于开创收集和评估 Decentraland 平台原生摄影作品的经济模式。雅美尔·贾迪和他的团队提出需要 5000 美元的经费来开发该计划的技术，最终 DAO 同意提供总经费 85% 的资金。

需要明确的是，并不是每个 Decentraland 中的体验活动都需要经过这样的审批过程。如果你拥有一块土地，那么你可以在那里建造任何你想要的作品（在软件的限制范围内）。新手玩家可以使用现成的资产构建工具，将现成的资产直接拖放到自己的土地上。高级玩家可以使用功能更多的Decentraland SDK 来导入自己创建的 3D 资产。我们将简要讨论在 Decentraland 中的多种构建方法。

在接受 NBC 新闻采访时，Decentraland 基金会的社区和活动负责人萨姆·汉密尔顿（Sam Hamilton）说道："Decentraland的基本理念是让人们能够重新控制互联网，并决定其发展方向。"他说："我个人认为，这就是下一代社交平台。"

无论你初次进入 Decentraland 使用的是游客账户，还是以太坊钱包，都可能会注意到 Decentraland 世界里的荒凉感，其界面不会像打开照片墙那样各种刺激扑面而来，而且看起来并没有什么过人之处。你也搞不清楚要去哪儿，要干吗，连找个人说话都需要花费时间，而让对方和你对话本身也是个挑战。由于这些原因，许多第一次访问 Decentraland 的人会立马放弃。

对于萨姆·汉密尔顿所说的"下一代社交平台"的观点，你可能会心存质疑，如果没有大量的社交活动，那么它怎么可能成为一个社交平台呢？这个元宇宙平台将如何取代我们现在所有人都在访问的互联网网站呢？

首先，"取代"并不是正确看待元宇宙平台的方式，用"扩展"这个词应该更为恰当。Decentraland 扩展了我们目前各种社区、兴趣或体验的边界——无论这些社区、兴趣或体验是存在于数字世界还是现实世界。

其次，尽管 Decentraland 在 2021 年 12 月的月活跃用户超过了 50 万，但是在任何时间段内，同时在线的平均活跃用户量都只有几千人。这意味着想要最大化 Decentraland 的体验潜能不能仅靠在里面到处闲逛，而更应该在正确的时间带着明确的目标进去。我们认为体验 Decentraland 的最佳方式是访问其网站。在该网页上，有所有正在发生或即将发布的活动信息。因为 Decentraland 还有很多未开发的空间，因此通过这个网页直接了解已开展的和正在进行的活动，才能获得更好的初次体验。

2022 年 3 月的最后一周，Decentraland 与 UNXD[①] 联合举办了元宇宙时装周。这个活动的目标是在全球时装周巡演期间，设立一个能让全世界的人更容易触及的数字站。元宇宙时装周融合了我们在巴黎或纽约时装周上所能获得的所有体验，包括 T 台秀、秀后聚会和快闪店等，而这些体验都发生在 Decentraland 这个数字世界。

雨果博斯（Hugo Boss）、汤米·希尔费格（Tommy Hilfiger）等主流品牌都参加了元宇宙时装周。Threedium 是一家专业将实体物件扫描成数字 3D 文档格式的公司，在像 Threedium 这样的技术服务公司的协助下，这些品牌为自家的虚拟模特角色穿上了能够反映其实际时装风格的数字服饰。其中一些品牌甚至将它们的数字时装商业化，开始销售能在 Decentraland 里给玩家角色穿戴的 NFT 服饰。

---

① UNXD 是一家元宇宙时尚公司，专注于提供奢侈品衍生的高质量的正宗数字商品。

他们所面对的更大趋势是要确定他们在 Decentraland 这样的元宇宙平台上所发布的 NFC 时装能否成为其新的收入来源，以及能否成为他们实体时装系列的数字店面。为了测试这个趋势是否可行，这些品牌还与 Boson Protocol 公司合作，这家公司主要是提供虚拟销售实体产品的解决方案。Boson Protocol 公司正在创建一种近乎免信任的协议，在这个协议下智能合约能够用加密资产购买服务、商品、数字产品以及实体产品，同时最大限度地减少对中介机构的依赖。

换言之，消费者可以在元宇宙中购买 NFT，并将数字资产兑换为实体产品或服务。Boson Protocol 是他们的智能合约系统，而实际产品是元宇宙市场平台 Boson Portal。Boson Portal 是全定制的品牌平台，用于托管元宇宙商务、虚拟活动和体验。Boson Portal 可以被看作元宇宙领域的 Shopify 商店。

如果 Boson Protocol 公司或其他公司能够证明这项技术可行且易于操作，那么他们将有效地构建起电子商务桥梁，能够让元宇宙用户在元宇宙环境中购买产品，这些产品既可以用于他们的虚拟角色，也可以用于他们的现实世界实体。你可以想象一下，在一个元宇宙购物中心里，我们浏览商店，冲动购物，然后在自家门口就能收到这些商品。

Decentraland 的时尚区里已经有多家坐拥虚拟资产的公司

正在等待元宇宙商业模式的腾飞。今天，如果你去创世之城最西侧的时尚街里逛逛，那么你会发现那里已经初具类似于罗迪欧大道（Rodeo Drive）这种时尚地标的雏形。街道两旁都是最知名时尚品牌的广告，例如香奈儿（Chanel）、杜嘉班纳（Dolce & Gabbana）、汤米·希尔费格等。但并没有任何人在购物，你也无法进入店铺，没有任何可点击浏览或购买的物品，就像是一个等待着淘金热到来的荒芜之城。尽管如此，各大企业依旧在 Decentraland 的时尚区里押下重金。特别是 Tokens.com 的子公司元宇宙集团（The Metaverse Group）在时尚区以近 250 万美元的价格收购了 116 块土地。数字资产公司 Republic Realm 正在建设一个名为 Metajuku 的购物中心，该购物中心位于时尚街附近，面积有 259 个地块，他们认为这将会成为元宇宙的商业中心。Metajuku 已经将店面空间出租给了摩根大通（JPMorgan）。

时尚服装销售的主要问题仍然是人们是否愿意在元宇宙中进行购物活动，而博彩业却从未遇到过这个问题。

维加斯城是 Decentraland 的博彩区，位于离时尚街不远的地方。博彩区和购物区彼此之间相距不远，中间只隔了一个 X 区（红灯区，人们显然会在这里消费从赌场赢得的钱）。考虑到这些因素，当 Republic Realm① 在时尚街买下了一大片土地之时，Boson Protocol 公司也在维加斯城收购了整个街区，并计划在那里建设购物中心。

时尚区和博彩区之间的主要区别是，博彩区已在运营，人们也在使用它。管理维加斯城的团队是 Decentral Games（和 Decentraland 没有关联），这家公司在 Decentraland 拥有各大赌场的资产，包括 Tominoya 赌场、雅达利赌场和 ICE 扑克室。早在 2022 年 2 月，《商业内幕》报道称，在过去 3 个月里，Decentral Games 的博彩收入超过 750 万美元。不仅如此，他们还拥有 Decentraland 三分之一的活跃用户。

博彩业是在元宇宙行业中能够吸引到资金的少数垂直领域之一。Decentral Games 的赌场功能齐全，能够提供 21 点和旋转轮盘等赌博项目，而这些赌场也是研究 NFT 和数字资产如何与元宇宙体验有效结合，同时又能推动商业行为的示范案例。为了得到在 ICE 扑克室赌博赢钱的资格，玩家必须拥有并穿戴一款 ICE 扑克的 NFT 服饰。扑克游戏是免费的，而获胜者能够获得游戏代币。如果玩家不玩儿扑克了，那么他们可以把这些服

---

① Republic Realm 是一家专门从事虚拟地产的兼并购、管理开发的公司。——编者注

饰借给其他玩家。如果借用服饰的玩家赢了，那么出借服饰的玩家也能瓜分他们的游戏代币奖金。而这款博彩游戏中有超过16000个NFT道具，最低的售价约为2枚以太币。通过这些手段能够围绕这款Web3.0赌博体验建立起坚实的社区。

我们不想把Decentraland描述得像是个只有花了钱才会有趣的地方。Decentraland的绝大多数体验都只需要简单的参与即可，各类游戏、活动和品牌快闪店都分布在Decentraland的每个角落。能够将所有这些多元体验融合到一起的是POAP（Proop of Attendance Protocol），即接受证明协议。在Decentraland中，许多（但不是全部）体验会在游客参加活动或完成游戏后赠送他们一个POAP。你可以把POAP想象成获得一项新技能而授予的女童子军徽章，或者音乐会的票根，或者度假时购买的钥匙链纪念品。POAP就是用来彰显你在元宇宙中活跃程度的数字纪念品的。POAP是为了吸引用户进入元宇宙的奖励机制和社区建设策略，这个机制和策略并不会向用户索取太多回报。"来玩儿吧，我们会送你区块链纪念品，以此表达对你加入的感谢。"

例如，DappCraft在Decentraland里开发了《蒸汽朋克探险》（*SteamPunk Quest*），这是个让玩家修理损坏的钟塔的小游戏。为了找到7个修理钟塔所需的齿轮，玩家必须在他们的土地上寻找钥匙并解决相应的谜题，在完成任务后，玩家可以获得他们的 POAP。实际上这是首次在 Decentraland 中尝试这类探险游戏，这款游戏也能让玩家愉快地度过 20 分钟。在 Decentraland 中有许多游戏和活动会提供 POAP，那些提供 POAP 的游戏和活动名单，通常会在其网站上披露。

其他更知名的品牌也开发了这类会授予 POAP 的体验。为了迎接第五十六届超级碗（Super Bowl），美乐啤酒（Miller Lite）在 Decentraland 上设计并推出了元宇宙美乐酒吧（Meta Lite Bar）。元宇宙美乐酒吧是一个数字廉价酒吧，顾客可以喝啤酒，玩儿酒吧游戏，还会获得免费的数字赠品。酒吧里还有点唱机、台球桌、飞镖和骑牛游戏。这是美乐啤酒在元宇宙世界里的自有据点，我们相信他们未来会用这个据点来举办更多其他的活动。

元宇宙美乐酒吧还有一个更为有趣的特点，就是它所处的地块并不属于美乐啤酒所有，而是属于 TerraZero 公司，这家公司将其租给了美乐啤酒，并帮他们建造了酒吧。TerraZero 公司提供的是元宇宙土地的租赁服务，让机构或个人能够先对元宇宙进行前期试水后再决定是否要自购土地。有意思的是，TerraZero 公司在 2022 年 2 月进行了首个虚拟房屋抵押贷款交易，虽然交易条款的细节没有披露，但是我们知道该 Decentraland 虚拟房屋资产在贷款支付完成前都将一直由 TerraZero 公司所持有。虚拟房屋抵押贷款可能是刺激元宇宙应用加速推进的有效手段，因为这个手段能够吸引更多的潜在元宇宙开发者。

在这个阶段的元宇宙，似乎品牌商和企业只要能出现在像 Decentraland 这样的地方就会有作用。是否有明确的计划并不重要，只要他们出现在那里就是策略和起点，就能让他们在任何他们认为合适的时间发布相应的体验。例如，土耳其的 RE/MAX 在 Decentraland 设计了一个虚拟办公室；苏富比在 Decentraland 设立了机构，是他们新邦德街总部的数字复制品，偶尔还会在那里举办 NFT 作品的拍卖直播；Vice 传媒集团还聘请了专业的建筑机构 BIG，为他们设计在 Decentraland 里的总部，他们计划将其用作虚拟新闻平台或创新实验室。

品牌商和企业都纷纷在 Decentraland 里开设业务，而有一些品牌商和企业则利用虚拟世界来扩展他们现有的活动。澳大利亚网球公开赛在比赛期间，在 Decentraland 里也建设了一个完整的场馆。这个数字场馆里重播了现实中的网球比赛，进行了全天候的广播，还设置了几个网球小游戏。著名 DJ，3LAU 拥有自己的私人音乐场，名为 3LAU HAUS，他在这个空间里举办虚拟音乐会，并向他的 NFT 收藏者派发相关的奖励。

创新在 Decentraland 里并不稀罕，例如，巴巴多斯共和国正在元宇宙中设立世界上首个虚拟大使馆，他们也因此成为第一个承认数字土地主权的国家。他们还开玩笑说要签发电子签证，我们也不知道这些电子签证有什么作用。但无论如何，这都是这个国家向世界介绍自己文化的良好渠道，也能够在该国现有 18 个大使馆的基础上增加本国的外交使馆数量，况且谁知道他们会不会因为此举而开创了元宇宙的旅游产业呢。

先暂时不谈 Decentraland 的品牌商和企业，我们现在不能不谈的是 Decentraland 的独立创作人——他们进入这个元宇宙平台，展示他们的体验作品，并用溢美之词向世界介绍这个领域。

马蒂早在 2018 年 5 月就开始发布 Decentraland 的介绍视频。从他收集的首批 Decentraland 可穿戴服饰就能看出，他对 Decentraland 开始产生兴趣的时间比制作这些视频的时间还早得多。很少有人能像马蒂那样了解 Decentraland，他就像一本 Decentraland 的百科全书，他知道自 Decentraland 成立以来所发生的所有事情。

另一名 Decentraland 的早期拥护者是 SWISSVERSE。据我

们所知，他是首位在 Decentraland 上使用自己的 Decentraland 角色作为视频主播的博主。SWISSVERSE 的油管频道在许多方面都让我们联想到 VTubers（虚拟油管博主的缩写）。虚拟油管博主通过使用动态图形制作软件来建立虚拟角色的品牌。这个现象产生于 21 世纪初的日本，后来发展为 1 万多名分布在各大平台的创作者群体，这些平台包括油管、Twitch、Niconico 和哔哩哔哩。这个发展趋势会催生属于 Decentraland 平台的原生意见领袖，而 SWISSVERSE 或许就正处于这个发展趋势之中。

助推 Decentraland 意见领袖这个理念的是 DCL 电影俱乐部。这个俱乐部社区发起了一项竞赛，要求 Decentraland 的居民拍摄一段 30 秒的视频，视频内容必须体现自己最喜欢 Decentraland 的哪些地方，并以 #DCLfilmclub 为标签发布在推特上。前 10 名的视频（由俱乐部社区投票选出）将获得代币、虚拟穿戴装备等奖励，冠军甚至还能获得一块土地。2022 年的冠军获得者是 @TobikCC。像这样的比赛和活动还有很多，这足以证明 Decentraland 用户群是多么乐于与世界分享这个平台。

这些 Decentraland 社区活动的精彩往往会被媒体上报道的几十万美元的土地销售额所掩盖，但我们认为 Decentraland

创作者们的理念需要得到更多的关注。Decentraland 确实是能够让创作者们不受限制地创作故事。正如照片墙成就了一批专注于社交内容的创客一样，我们相信将会涌现出一大批 Decentraland 的视频博主、音乐家、摄影师，甚至是运动员。

如果你还在寻找相信 Decentraland 会成功的理由，那我们必须坦率地告诉你，目光需要放得更加长远，这是一个需要时间来建立和孕育的经济体系。如果你将其与《罗布乐思》或《侠盗猎车手》这些已顺利运作的产品相比较，那么这个出发点一开始就是错的。移动界面和虚拟现实的客户端正在开发之中，语音聊天和调试软件还在不断改善，他们正在研究如何整合 NFT 个人头像的数据才能够使角色具有个性化特征，所有的这些都已在 2022 年的发展规划之中。请相信 Decentraland 的创造者们和其中的投资行为，请相信这一切不仅仅是媒体所说的、对数字土地产权的一时狂热。

The Sandbox

除了 Decentraland 之外，The Sandbox 可能是另外一个被谈论得最多的、基于区块链的元宇宙平台。有趣的是，The Sandbox 刚开始是一款开放的沙盒游戏，后来才决定加入区块链。加入区块链之前的 The Sandbox 就像《罗布乐思》，向用户提供工具来构建他们自己的世界、资产和游戏。为了避免过多的赘述，我们不打算介绍太多 The Sandbox 加入区块链之前的情况。

但在加入区块链之前的那个阶段有两点需要提及，一是 The Sandbox 能够有效激活品牌合作伙伴关系，这一点最近也开始加速发展；二是 The Sandbox 的开发商 Pixowl 于 2018 年被中国香港游戏公司 Animoca Brands①以略低于 500 万美元的价格收购。你或许知道 Animoca 是 Sky Mavis 的主要投资人，而 Sky Mavis 是《无穷阿西》背后的游戏开发公司。这次收购意义重大，因为 Animoca 擅长区块链游戏开发，他们内部的两个赛车游戏项目：REVV Racing 和 F1 Delta 就足以证明这点。

The Sandbox 在许多运作方向上和 Decentraland 是雷同的，例如提供稀缺的、可供建造的自有土地、有在游戏内部使用和管理的代币，以及有装备和配件等的交易市场。The Sandbox 的一个与众不同之处是它的 VoxEdit 工具，用户可以用该工具

---

① Animoca Brands 是一家区块链科技的独角兽企业，也是一家元宇宙的巨无霸企业。

来对角色的立体像素进行创建和动画化处理。也就是说,用户可以在游戏内创造有价值的作品,并将其直接上传到他们所属的 NFT 市场中。The Sandbox 还提供了玩家设计工具,顾名思义,用户在 The Sandbox 生态系统中用这款工具可以设计自己的游戏并将其布局到自己的土地上。

在撰写本书时(也就是 2022 年 3 月),The Sandbox 只开放 Windows 系统的 Alpha 游戏版本下载窗口(暂无 Mac 或移动端的下载版本)。该游戏版本相当基础,但仍能让你感受到未来即将发生的趋势。

因为 The Sandbox 还未向公众开放,所以这个平台本身就不具有投机性,也没有太多内容可以讨论。因此,在 The Sandbox 中对土地所有权的争夺更多的是为了未来准备。尽管如此,还是有很多知名品牌、名人和玩家购买了其中 166464 块土地,这个数量是非常可观的。

古驰(Gucci)、阿迪达斯(Adidas)和华纳音乐集团(Warner Music Group)等知名品牌都在 The Sandbox 上押下赌注。加密货币交易所 Gemini、Binance 和 FTX 也在其中拥有大量资产。雅达利和育碧(Ubisoft)等游戏公司也开始准备在其中开设自家的游戏站点。史努比·多格在 The Sandbox 中建造了自己的宅邸后,就有人花 45 万美元买下了他隔壁的那块土地，成为史努比·多格的数字邻居。

　　我们知道我们未能谈及所有在这个元宇宙平台中的关键玩家，我们确实也无法将 The Sandbox 里的全部土地所有者都涵盖进来。除了土地销售之外，The Sandbox 的 NFT 市场里也有很多活动，而玩家们正在为即将发布的游戏做前期准备。许多立体像素艺术家正在用 VoxEdit 工具实现他们的创意。像玩具设计师汤姆·格拉西斯（Tom Glasses）这样的创作者，正在建造各类具有宗教和神话寓意的作品，人们可以将这些作品放置在自己的土地上。还有令人震惊的新闻，一艘名为 MetaFlower 的超级游艇以 149 枚以太币的价格出售（当时折合约为 65 万美元）。史努比·多格再一次走在潮流前沿，他设计并制造了 1 万个独特的史努比角色，名为 The Doggies，买家可以在游戏中用这些角色代表自己的形象。

　　总的来说，在能够超越 Decentraland 目前的实用性和可用性之前，The Sandbox 还有很长的路要走。尽管如此，这个平台仍然自带光环——它未来的发展道路萦绕着非常炫酷的气质。

Cryptovoxels

　　还有另一个经常被提及的沙盒元宇宙平台 Cryptovoxels。

其创始人本·诺兰（Ben Nolan）在决定开发 Cryptovoxels 之前，曾短暂地参与过 Decentraland 项目。这个元宇宙平台也提供和 The Sandbox 和 Decentraland 平台一样的功能，所以在此就不再复述平台上提供给创作者使用的工具细节，这个平台上同样有专属的代币，也提供自有土地和资产的所有权。

Cryptovoxels 最突出的特点是，它是唯一一个能够找到确切的产品与市场匹配点的元宇宙平台。NFT 和加密艺术运动已经将 Cryptovoxels 作为举办 NFT 艺术展的平台之一。我们认为这是因为 Cryptovoxels 是一个轻量级元宇宙平台，不要求很强的计算负载能力。此外，Cryptovoxels 中的土地销售价格也更便宜。不过无论如何，Cryptovoxels 经常标榜自己是承办数字艺术展的应用案例，而鉴于 NFT 持有者更有可能会成为元宇宙的应用者，Cryptovoxels 如此定位自己的市场方向是明智的。

Somnium Space

如果在 Decentraland 的基础上再添加一个虚拟现实接入点，那就是 Somnium Space。如其他沙盒元宇宙平台一样，Somnium Space 也是一个建在区块链平台上的开放平台。然而，这个平台最突出的特征是，它是所有沙盒元宇宙平台中第一个能够在虚拟现实设备中进行体验操作的平台。

同样出众的是，Somnium Space 计划将与元宇宙相关的一切都进行去中心化，甚至包括访问该平台的硬件也一样进行去中心化。Somnium Space 很久之前就已着手开发虚拟现实头戴设备了。只要产品发布，他们就计划让它成为首款开源的模块化头戴设备，这意味着头戴设备的用户可以定制设备的外观和手感。对于那些想要改进虚拟现实头戴设备的人群来说是非常具有吸引力的。我们预测 3D 打印爱好者最终会带来与虚拟现实相关的模块化组件的市场需求，例如头戴设备的绑带、更具有美感的盖板、符合人体工程学的手柄等。

前面提到的三个沙盒元宇宙平台中所开展的活动和具备的体验功能，Somnium Space 也同样有。这个平台还有一个独特之处，也是我们非常喜欢它的一点，就是它拥有一个类似于《鲨鱼坦克》①（Shark Tank）的融资项目。不同于 Decentraland 给用户提交的计划项目进行拨款的模式，Somnium Space 有一个创业者基金项目，能让虚拟创业者们在虚拟工作室里向评委小组展示他们的理念，就像《鲨鱼坦克》一样。

---

① 《鲨鱼坦克》又称为创智赢家，是美国 ABC 电视台的发明真人秀节目，该节目是一个提供给发明创业者展示发明和获取主持嘉宾投资赞助的平台。——译者注

✦ 其他沙盒元宇宙平台

沙盒模式的元宇宙可以说是最有趣的元宇宙类型，因为其为用户群提供了自由。然而，这种元宇宙也是最有野心又最难实现的一类。现在要说出哪一个平台会最终胜出还为时尚早，这也是这么多 Web3.0 爱好者在多个沙盒元宇宙平台上购买土地来"以防万一"的原因。考虑到这点，我们觉得有必要聊聊其他的沙盒元宇宙平台，它们也有可能会最终胜出，赢得大批用户。

Dvision Network 正在设计一个融合了游戏元宇宙平台和沙盒元宇宙平台的产品，在他们的开放平台上，用户通过玩儿游戏的方式获得土地。他们为暂时买不起土地的玩家发明了一种叫作"土地净化"的机制。Dvision 中有 40% 的土地被怪物占据，玩家必须（用他们的 NFT 角色）通过战斗把这些怪物都清除掉。一旦土地被清理干净，该土地就会被放到拍卖模块上，最终以代币体现拍卖所得，将会根据各个玩家在土地清理行动中所做的贡献情况，按比例分配给各个玩家。这个沙盒元宇宙平台的理念很独特，每个人都可以被邀请进入，无论玩家的经济状况如何，都可以参与游戏，并从中获得回报，最终都有机会拥有属于自己的资产。

NFT Worlds 将 NFT 个人头像稀缺等级的观念结合到其平台的土地稀缺性分布之中。在其平台上有 10000 种独特的土地资产，这些土地资产的特征包含了不同的土地形态（例如海洋、山脉、森林）、不同的自然资源（例如石油、宝石、金属、淡水）和其他各类稀有特征（例如城镇、矿井、野生动物）。其所带来的效果是每一块土地的稀有程度都在不断变动，这在元宇宙的房地产宏伟计划里是个非常绝妙的想法。

Matrix World 正在两个区块链（Flow 和以太坊）上构建一个虚拟世界。多链支持是一种有趣的发展路径，我们也看到有些沙盒元宇宙平台对此不以为意。无论如何，Matrix World 都是首家在两条区块链上开发和出售土地的公司，其中一半儿的土地放在 Flow 上，另一半儿放在以太坊上。

Genesis Worlds 设计元宇宙平台开放世界的发展路线略有不同。也许我们应该用复数来描述这些开放世界。创作者们并不是在一张稀缺土地已明确的地图上开始设计，而是进入了无穷多个世界来做设计。

Substrata 为沙盒元宇宙平台提供了一个独特的发展角度，在他们的世界里，所有东西都不必以 NFT 的形式存在。这个 3D 元宇宙平台能够让用户在自己的土地上设计和布置游戏内的各种资产、配件和物体，而用户也可以选择是否要在以太坊上将这些作品做成 NFT。从这点上看，它有点儿像结合了《罗布乐思》那样的早期沙盒游戏特点和我们之前讨论过的、由用户所有的沙盒元宇宙平台特征的混合体。

Upland 是另一个早期沙盒元宇宙平台，其充分利用了拥有和开发虚拟房产的概念。Upland 创立于 2018 年，有趣的是他们是根据现实世界来设计他们的虚拟地图，他们在其中设计了许多我们熟悉且喜爱的世界主要城市。也可以说，他们做了一个现实世界的镜像虚拟世界，并观察他们的元宇宙世界如何与现实世界共同发展。

现在，也许你会很想在其中一个沙盒元宇宙平台上孤注一掷。但我们仍真诚地希望大家能多看看其他各类沙盒元宇宙平台，并保持开放的心态。虽然这些平台不一定都能比它们的竞争对手独特，但这些平台在其社区用户的眼中都是独一无二的。所以请去看看这些平台的网站，关注这些平台的推特，也许这些平台上即将启动的事件或体验会勾起你的兴趣。请到沙盒元宇宙里去体验一下吧。

◆ 游戏元宇宙

游戏元宇宙通常被称为区块链游戏，游戏元宇宙通过让玩家拥有具有赢利潜能的游戏内部资产，来推进电子游戏世界的发展。尽管像《堡垒之夜》这样的游戏具有游戏内的虚拟经济，但是在游戏内的赢利所得最终都流进了游戏开发者的口袋。但如果你在游戏元宇宙中为你的角色购买武器或服饰，那么这笔销售所得（通常要扣除一些费用）会交给出售这些资产的所有者。

游戏元宇宙和沙盒元宇宙的不同之处在于，游戏元宇宙会给用户设立一个明确的目标，而且这个目标会随着游戏推进不断升级。不管这个目标是要求提高角色的等级、获得新的道具（例如某个 NFT）、完成某项任务或者与他人对决，游戏元宇宙所设立的目标都是明确的。你完成的目标越多，你在游戏里得到的就越多。

游戏元宇宙通常都有自家游戏内的代币，这些代币能够激励玩家投入游戏和进行商品交易，除此之外还能控制游戏的发展方向。所有元宇宙游戏里的货币基础都是代币经济，其规定了代币发行量的上限和代币通缩燃烧机制，从而保证其货币的价值能够随着游戏的发展而不断升值。由于这些代币也能够在 Uniswap、PancakeSwap 和 Sushiswap 等交易所里进行交易，有些还能在 Coinbase 上交易，因此许多从来没玩儿过区块链游戏的投机者也能利用这些货币的增值来套利。

我们在第四章"元宇宙的历史"中，简要地提到《无穷阿西》开创了游戏元宇宙这个行业。《无穷阿西》证明了只要游戏实现规模化，边玩儿边赚的经济模式就会变得非常有趣。关于这款游戏的运作方式，我们不打算介绍太多，但这款现在市值数十亿美元的游戏所激发的整个周边生态系统却是如此精彩。Twitch 上的主播、油管上的各大频道，还有博客都在发布这款游戏的通关攻略。玩家们开始组队成团，希望能走得更远。游戏的优秀玩家引领计划已经十分流行，通过这个计划，优秀玩家将自己的阿西角色"出租"给世界各地的其他玩家，从而获得利润分成。《无穷阿西》生态系统的发展已经远远超出了作为一个游戏平台的限制，并持续激发着游戏本身所带来的边玩儿边赚的热潮。

我们不想花太多时间去分析各个游戏元宇宙之间有什么不同，它们的主要区别一般都在于其叙事方式。也就是说，游戏里的实际内容能将它们彼此区分，并最终使某些游戏比其他游戏更为出色。虽然这不是唯一的区别，但是区块链游戏的数量将不断增长，我们希望你能自己去探索它们彼此之间的不同之处。话虽如此，我们还是列出了一些知名的游戏元宇宙，并进行了简要介绍，按首字母排序如下。

Aavegotchi 是一款受电子宠物启发的 NFT 收集游戏，玩家能够收集并拥有 NFT 宠物。玩家可以通过购买和配备 NFT 装备来培养他们的 Aavegotchi，最终他们的宠物可以在 Aavegotchi 游戏元宇宙中进行探索和互动。

《外星世界》（*Alien Worlds*）里有多个可供探索的"系外行星"，玩家可以拥有这些行星的股份，可以对行星开发计划进行投票，可以使用他们的 NFT 航天器在行星上进行探索，还可以使用 NFT 工具对行星资源进行开采。

《大时代》（*BigTime*）是一款即将推出的多人角色扮演游戏，玩家可以组队在时空中冒险。玩家可以拥有和交易他们在游戏内赚取的或购买的 NFT 资产。

BYOVerse 正在通过 NFT 资产来构建游戏元宇宙。现在，玩家可以通过购买 BYOPills 来获得游戏内角色和制作其他 NFT 资产，例如车辆和其他配件。同时，它的游戏机制也会激励玩家每次都在这个元宇宙里增加一个资产。此外，该游戏团队还与其他游戏平台合作，例如"银河搏击俱乐部"（Galaxy Fight Club），让 BYOPills 成为能够跨游戏平台操作的游戏 NFT。

《摇篮》（*Cradles*）是一款"史前元宇宙"游戏，该游戏反映了真实世界的时间和空间规则，游戏的起始时间是恐龙还存在的三叠纪时期。玩家通过收集各种物品来推进游戏时间，探索地球上生命演变的不同时期。

《加密坦克》（CryptoTanks）是一款受到20世纪90年代任天堂游戏《坦克大战》（Battle City）影响的坦克对战游戏，该游戏也有边玩儿边赚的特点。游戏的目标是玩家不断升级自己的NFT加密坦克，并在这个过程中赚取代币。玩家还可以在不玩儿游戏时，把自己的坦克出借给其他玩家，获得收益分成。

DeHorizon正在开发的是沉浸式游戏元宇宙，该游戏元宇宙含有三种不同的体验模式：团队对战赛、大逃杀锦标赛和斗龙比赛。他们的团队拥有丰富的游戏开发背景，曾与多家公司合作，参与过多款游戏的开发，包括拳头游戏公司（Riot）和暴雪游戏公司（Blizzard）的游戏以及《龙与地下城》（Dungeons & Dragons）等。

《余烬之剑》（Ember Sword）是一款免费的大型多人在线角色扮演游戏，玩家可以通过获取土地和收藏品，来帮助他们在对决中获胜。

Enjin的目标是建立一个统一的元宇宙游戏平台，开发者可以用其来快速构建和部署游戏。这个目标的基础是将多款游戏统一到同一个代币之下，从而创建一个游戏生态系统，由此来促进各款游戏的发展并赢得批量玩家。

F1 Delta Time 是一款区块链游戏，游戏核心是收集和交易各类 NFT 赛车、车手和相关部件，从而最终赢得比赛和奖品。这是 F1 赛车的官方游戏。

Illuvium 是一款集 NFT 角色扮演和赛车游戏于一体的游戏。这是一款开放世界游戏，玩家开采、收割、捕获 Illuvials，也会开展 Illuvials 对决。一旦玩家能够组建成队，他们就可以参加赛车比赛。在比赛过程中，玩家必须有战略地进行组队，从而在战斗中击败对手。

Legacy 是一款基于区块链的商业模拟游戏，玩家可以在其中创立和发展自己的事业。这款游戏的目标是模仿创意和价值最大化的自由市场规则，让玩家能从更高的交易量和交易额中获益。

《米兰达斯》（Mirandus）是由 Gala Games 开发的奇幻世界游戏，是一款大型多人在线角色扮演游戏，游戏提供 5 款具有不同能力的角色，玩家可以自创他们想要的角色。

《我的邻居爱丽丝》（My Neighbor Alice）是一款多人创建游戏，玩家可以购买和拥有虚拟岛屿，同时收集和创作物品，并与他们的新朋友互动。农场主题世界的灵感来自《动物之森》，在游戏世界里也提供 NFT 游戏内资产。用户可以通过游戏获得代币，用来购买物品、作为游戏奖励和进行游戏内部管理。

OneRare 是一款在 Web3.0 上的美食游戏元宇宙。玩家可以种植 NFT 食材，在市场上出售他们的产品，在厨房里制作 NFT 菜肴，还能与朋友进行小游戏比赛。这款游戏希望能成为烹饪行业进入 Web3.0 的入口，为食品品牌、厨师和餐厅提供进入元宇宙的渠道。

《星图》（*Star Atlas*）是一款空间探索的大型策略游戏，游戏内容包括领土占领和管理等。玩家们通过装备他们的飞船和角色来竞相探索新行星，争取抢在敌对派系前先占领土地。

《狂野世界》（*Wilder World*）正在创建的是一个开放的、混合现实的元宇宙，其游戏主题是"20 世纪 80 年代，当迈阿密遇上赛博朋克"。《狂野世界》所建造的虚拟城市名为怀阿密（Wiami），在这个城市里，创作者可以展示他们的创意，玩家可以装备不同的 NFT 配件，而这个开源世界能够有序发展。这款游戏在技术端还与 ZerO 合作，提供混合现实体验，通过 ZerO 增强现实应用程序，游戏内的 NFT 资产可以呈现在现实生活中。

元宇宙体验实际上就是在 3D 世界里进行探索，但大多数游戏元宇宙并没有提供这种元宇宙体验。这些游戏元宇宙大多数是 2D 界面，而且很多还未完成开发。尽管如此，这些游戏元宇宙都有计划要推出自家游戏的 3D 世界版本，或者有计划要与本章前面所讨论的沙盒元宇宙进行融合。

就沉浸式元宇宙游戏而言，最引人注目的领跑者就是 Oculus 虚拟现实平台。我们知道 Oculus 虚拟现实平台并不支持区块链集成，但当提及元宇宙游戏时，我们很难否定该平台所建设的绚丽游戏场景。《行尸走肉：圣徒与罪人》(*The Walking Dead: Saints & Sinners*)、《燥热 VR》(*Superhot VR*)、《德米欧》(*Demeo*) 和《手枪和皮鞭》(*Pistol Whip*) 等游戏真的让人印象深刻。我们认为 Oculus 虚拟现实头戴设备是真正的游戏平台，Meta 公司应该也会认可这点，因为他们将《节奏空间》(*Beat Saber*) 的宣传信息放在其广告的中心位置。当然，在 Oculus 游戏设备推出之前，就已经有虚拟现实游戏机了，这类游戏机所呈现的虚拟现实游戏让很多人接触到了沉浸式游戏的概念，接下来的发展就是将区块链融入其中。

总体来说，游戏元宇宙是目前竞争最激烈的领域，这个领域也充满了各种极有雄心的规划蓝图，尽管这些规划蓝图很有可能永远无法实现。设计和部署游戏通常不是几个月内，甚至几年内就能完成的事。因此我们建议，在过分投入到某款游戏元宇宙平台前，对任何平台都应该持保留态度。

✦ 其他元宇宙公司

并不是所有的元宇宙公司都想创造一个像《雪崩》或《头号玩家》所描绘的可供探索的虚拟世界。有许多公司正在致力于解决如何提升元宇宙整体体验的问题，它们就是我们所说的元宇宙相关公司。

这些元宇宙相关公司正在解决诸如逼真的数字呈现效果、能够连接到现实世界的商业门户、能够直接载入的现成元宇宙环境以及元宇宙的社交体验等问题。

数字呈现

虽然大多数元宇宙体验都是偏卡通或电子游戏的创作风格，但是有些人认为元宇宙世界应该尽可能看起来像真实的一样。

Wolf Digital World 公司发明的全身扫描仪，可以将物体扫描成分辨率极高的图形数字格式。他们称其为元宇宙扫描仪，并将这款扫描仪宣传为能够让用户在元宇宙中使用自有肖像、作品和资产的工具来进行销售。当然，他们也已经与一家元宇宙公司 Metahero 合作，找到存放这些扫描作品的虚拟空间。概括起来，这个工具为个性化角色提供了新的定义——数字格式的、真实的你。这个工具也可以应用到雕塑、高端家具，甚至汽车等资产上去。品牌商如果想为自己的产品制作一个数字孪生，那么只要使用元宇宙扫描仪，就可以轻松、快速地将数字孪生载入元宇宙。

Matterport 也提供同样的服务，只是其目标方向是现实空间。到目前为止，他们已经扫描并生成了超过 500 万个空间的数字复制品。尽管他们的大多数客户都属于房地产行业，但是他们的技术在建筑结构和工程计划、零售库存管理，甚至评估保险政策的风险方面都取得了不错的业务进展。这家公司完美地诠释了元宇宙相关公司的意义，它的技术并不是为元宇宙领域而设计，但却肯定能够应用于这个领域。

想要操作方法更简单的工具，苹果的 Object Capture 也是个选择，这款工具也可以用来快速创建高保真的虚拟对象，只需要使用苹果手机。

所有这些技术都有助于在元宇宙中构建逼真的环境。在某些情况下，人们可能更需要现实的数字呈现，因此，这三家技术公司也会不断推动数字呈现的技术发展。

数字化的实体商业

应该如何服务好元宇宙这个新兴市场的消费者？任何一

个关注元宇宙的品牌自然都会在意这个问题，但并不是每个品牌都有能力或有兴趣销售 NFT。不过这不意味着他们会因此而无法参与其中，他们可能更倾向于在元宇宙中销售现有的实体产品，而不是新的数字产品。

元宇宙中的商业仍然处于成长阶段，也很难估计在元宇宙中购买现实世界的商品何时会成为主流。但无论如何，还是有两家知名公司在试图解决这个未知的技术问题。

在前文讨论 "Decentraland" 的那一部分中，我们谈到了 Boson Protocol 公司，该公司正在为元宇宙里的买家开发能够在元宇宙里购买实体商品并将其运送到现实生活中的解决方案。他们的协议解决了在元宇宙中识别某些身份无法明确的问题，这点说起来容易，做起来难。他们通过 Boson Portals 所创建的体验已结合了 NFT 采购和电子商务购物这两大功能。

Boson Protocol 公司在这个领域的竞争对手是 Highstreet。Highstreet 正计划创建一款类似于沙盒元宇宙的平台，将实体和数字零售同时嵌入。他们的元宇宙购物体验将提供 "数字化实体" 商品，这些商品本质上是能够由用户同时拥有的实体产品和数字 NFT 资产。与沙盒元宇宙一样，Highstreet 已经进行了土地销售，他们称其为首次 "住宅发行"。Highstreet 里拥有土地的人可以使用其商户网站创建数字化实体购物模式的虚拟店面。

我们大多数人都会在网上花费大量时间，因此这些公司想要将元宇宙作为一种新的电子商务体验是有道理的。而元宇宙购物最终会如何发展还有待观察。

现成的元宇宙环境

并不是所有喜欢元宇宙的人都愿意花时间设计属于自己的空间。为了解决这个问题，现成的元宇宙环境为个人或品牌商提供了能够立即使用的、属于他们自己的元宇宙体验解决方案。

Spatial 是提供现成元宇宙环境领域的重要企业。他们最初是一家虚拟现实通信公司，主要从事社交元宇宙空间的设计业务。当 2021 年 NFT 掀起热潮时，该公司很快就意识到他们的绝大多数新用户都将 Spatial 用作举办 NFT 艺术展的空间。Spatial 公司迅速转型，开始提供元宇宙设计服务。他们与克丽丝塔·金（她因为火星之家而为人所熟知）和迈克尔·波茨合作，创建了 NBA 球队犹他爵士队的虚拟更衣室。现在，他们还设计了一些现成的元宇宙艺术展厅和元宇宙环境，并将其中一些数量稀缺的空间作品做成 NFT。本书的合著者奎哈里森购买了他们的 5 款空间 NFT，这 5 款 NFT 是预先设计好的

NFT 艺术展厅，NFT 作品可以直接放入其中。

另一家名为 Space Metaverse 的公司最近通过融资获得了 700 万美元，并计划将这笔资金投入到提供类似体验服务的业务。虽然他们希望自己能够成为"元宇宙的 Shopify"，提供前文有提及的数字化实体购物体验，但是他们计划从提供预制元宇宙环境这个方向来切入，由此来启动其品牌的推广。

由于高水平的 3D 设计师现在非常稀缺，我们认为能够为其他企业，特别是财富 500 强企业，提供现成元宇宙环境的个人和公司将迎来巨大机遇。

社交的虚拟现实世界

如果没有庞大的用户基础，那么元宇宙是无法运作起来的。如果元宇宙对人们没有吸引力，那么本书（以及 Meta 公司的未来）都将变得毫无意义，因此，必须有能够接入这些元宇宙体验的入口。目前在引导人们进入虚拟世界方面，有两款十分出色的虚拟现实应用程序，它们分别是 VRChat 和 Bigscreen。

VRChat 是一款低门槛的应用程序，人们能够用它来设计虚拟空间和举办社交聚会。自 2014 年以来，它的用户群已经创建了超过 2.5 万个可供居住和社交的虚拟世界。有趣的是，许多亚文化爱好者，例如动漫爱好者，已经成为其主要的用户。Meta 公司希望地平线世界能成为社交体验之家的愿景已经被 VRChat 证实是可以实现的。还有一名叫乔·亨廷（Joe Hunting）的用户拍摄了一部关于 VRChat 的纪录片，名为《我们在虚拟现实中相遇》（*We Met in Virtual Reality*），这部纪录片完全是在 VRChat 中拍摄的，并从社交联系的角度记录了为什么 VRChat（同时也是元宇宙）如此引人注目。

Bigscreen 是另一个低门槛的虚拟现实世界，很早之前，它就是一个成功的虚拟社交场所。Bigscreen 的产品最令人称赞之处在于，能够让用户在同一虚拟房间内，同时进行看电影和玩儿游戏的活动。这就像童年时有个小伙伴，他家有一个很酷的地下室，每个人都能在里面玩儿，而 Bigscreen 就是这样的一个虚拟地下室。

✦ 向元宇宙的大规模迁移

每个元宇宙构建者心中都萦绕着这样一个问题："我们如何才能让用户进入元宇宙呢？"虽然我们希望能有像史蒂夫·乔布斯那样的人物出现，来推广元宇宙这个理想愿景，让每个人都觉得有必要参与其中，但是遗憾的是，现实情况并非如此。

向元宇宙的迁移根本无法实现规模化。在人们进入元宇宙的过程中会发生许多零散的、不和谐的时刻。《无穷阿西》和其他游戏元宇宙都在尽最大的努力把十多亿玩家带入元宇宙。Decentraland 和沙盒元宇宙也都在尽最大努力把资本家、建设者和机会主义者带入元宇宙。当然还有 Meta 公司正在通过他们的 Oculus 虚拟现实硬件设备将数百万人带入虚拟现实的奇幻世界。

人们都认为会出现一种体验能把元宇宙从一种爱好变成一种习惯需求，就像动态信息的出现把社交媒体从一种人们偶尔会看的内容变成了一种上瘾的习惯。但说实话，元宇宙的概念过于宏大，无法用一种体验来吸引所有人。

说了这么多，这些话想表达的就是向元宇宙的大规模迁移只会随着时间慢慢发生，人们需要看到能够与他们已有兴趣相匹配的元宇宙体验。当你能够在元宇宙中观看（更确切地说是体验）每一场 NBA 比赛的时候，那么 NBA 球迷就会开始进入元宇宙，建立他们的篮球球迷社区。当 Pinterest 的创作者能够轻松地将他们的内容放在元宇宙中销售时，这个领域的爱好者就会进入元宇宙。

当元宇宙使用起来方便时——也就是当我们的兴趣爱好

在其他地方出现，而且现有的体验方式得到改进时，我们就会改变自身的数字习惯。此外，当我们的朋友改变了，我们也会随之改变。

幸运的是，沙盒、游戏或其他类型的元宇宙中有任何一个能够有所发展，那么整个元宇宙行业就能有所发展。人们需要熟悉虚拟存在的概念。无论人们是从哪里了解虚拟存在，只要人们能够了解，就更有可能去探索其他元宇宙平台。

不管你是在行业里寻找机会的职场人士，还是在寻求新渠道的创作者，或只是单纯想发掘新社交渠道的个人，最重要的一点是保持灵活、开放的心态，多尝试各种元宇宙。不要把自己锁定在一个元宇宙平台里，也绝对不要断言元宇宙的未来。毕竟，元宇宙还处于待定义的阶段，现在就对其进行具体的定义还为时过早。

第七章
元宇宙资产

早在 20 世纪 90 年代中期，人们就开始养数字宠物了。电子宠物蛋证明了人类能够与屏幕里的虚拟物体产生情感连接。如果说人类会在意数字文档，这听起来匪夷所思，但如果把数字文档做成可爱的形象，让数字文档的生存依赖于你的定时查看，然后把这些文档放在一个便携的钥匙挂件里，那就会掀起一场让人们与数字资产产生连接的完美风暴。电子宠物蛋在 20 世纪 90 年代末和 21 世纪初非常火爆，火爆到全国各地的学校不得不禁止学生携带电子宠物设备，因为这些设备太容易分散学生的注意力了。但学生们还是会偷偷地把电子宠物带到学校里玩儿，因为他们无法长时间离开他们的电子宠物蛋。如果这还不足以佐证当前 NFT 热潮流行的理由，那么我们不知道还有什么能够证明。

　　在电子宠物蛋流行之后，Neopets 和 Webkinz 这种网络版本的电子宠物取代了电子宠物蛋的位置。互联网能够让电子宠物拥有更多功能和沉浸体验。掌上设备所带来的《任天狗》（Nintendogs）和之后的《动物之森》系列游戏证明了数字宠物产业的规模能有多大。目前，《动物之森：新视野》在史上最畅销电子游戏排行榜上排名第 13 位，全球总销量已超过

3700 万套，而这款游戏是在 2020 年 3 月才推出的。

数字宠物存在的理由是人们在意数字资产（以及元宇宙资产）。把宠物说成是一种资产是有点儿奇怪，我们向所有动物爱好者道歉。我们知道称宠物为资产听起来很滑稽，但这就是事实。毕竟，我们称自己为"宠物的主人"，这不就像我们称自己为"房东"一样吗？

我们想表达的是，我们所拥有的资产在很大的程度上决定了我们的身份，原因有以下三点。

● **我们的资产反映了我们的身份识别信息。** 我们所购买的物品代表了我们是谁，或者说代表了我们想成为什么样的人。你的穿衣风格体现了你的个性；你布置房子的方式反映出最适合你的环境类型。

● **我们的资产反映了我们所归属的社群。** 我们所购买的物品体现了我们所归属的社群，或者说体现了我们想成为哪个社群的成员。许多人每天早上都会去星巴克，因为端着星巴克的杯子带有某种信息：这种信息就是你是星巴克咖啡社群里的一员。

● **我们的资产反映了我们的社会地位。** 我们购买某些特定的品牌是因为这些品牌象征着对应的社会地位。从你戴的手表、开的车、拿的钱包，这些物品都能显示出你所处的社会阶层。这些资产所体现的社会地位也会带来相应的稀缺性，因此也会有更多获得经济回报的机会。

以上这三个原因能让我们更全面地理解元宇宙资产以及这些资产在我们生活的长远规划里具有重要意义的原因。

为了进一步完善阐述我们的论点，让我们回到数字宠物的问题上。这个行业并没有因为《动物之森》的出现而止步。事实上，随着 NFT 的引入，让人们对数字宠物产生了真正的拥有感，因此这个行业也得到了促进。

例如，Genopets 这款基于 NFT 的数字宠物游戏，有着与元宇宙相关的宏伟目标。制作电子宠物的整个过程能反映出你属于哪类人。这款游戏首先要进行一个性格测试，以确保能为你匹配到恰当的 Genopet。拥有一只 Genopet，就能证明你是数字宠物爱好者社群里的一员。随着游戏的不断推进，你的 Genopet 也会不断升级，你作为数字宠物主人的地位也会得到相应提升。Genopets 体现了我们拥有资产的三大原因。

现在的 Genopets 还远不止于此，这款游戏证明了"边移动边赚钱"经济模式——边玩儿边赚的一个分支——的可行性，即游戏里的等级提升和收入增长情况有赖于一个人的活跃水平。为了实现这个目标，Genopets 成为首款与苹果健康（Apple Health）和谷歌健身（Google Fit）进行对接集成的 NFT

项目。但仅作为一款元宇宙资产而言，Genopets 能为人们理解 NFT 和元宇宙资产市场的理念提供非常好的类比案例。

我们一般会把人们对 NFT 的喜爱和人们对宠物的喜爱联系起来。比起对自己大部分朋友的喜爱程度，有某些人会更加喜爱他们的宠物猫狗。假如有人向这些宠物主人提出以其当初购买宠物 10 倍的价格来购买他们的宠物，这些主人都会嗤之以鼻地拒绝。任何东西都有其对应的价格，我们相信在某种特定情况下，这些主人会考虑出售宠物的提议，但售价将会相当高，NFT 所有者也是如此。

人们不愿意放弃价值超过 10 万美元 NFT 的理由不会仅仅是因为 NFT 的图像看起来很可爱。怎么会有人为了一个数字文档而放弃从投资中获得 10 倍，甚至 100 倍的回报呢？这是个很难理解的概念，但这个概念所造成的行为比你想象的还要更为普遍。

如果我们探究得更深入些，人们不愿意放弃 NFT 的真正原因是我们之前讨论的那三大原因：身份识别、社群归属和社会地位。这就是元宇宙资产的意义所在，我们与数字资产之间的连接方式和我们与实体资产之间的连接方式是相同的，人们在意自己 NFT 的理由和在意自己宠物的理由是相通的。

此外，数字逃避主义是真实存在的，我们通过数字目标的完成来减轻日常生活的痛苦。当工作让我们疲惫不堪时，我们就会拿出手机玩儿一玩儿《糖果粉碎传奇》（Candy Crush）来获得实现目标的满足。当我们的生活变得无聊且平淡时，我们就会到照片墙和抖音国际版上去看看他人的生活。对于那些在"现实"世界里很难交到朋友的人来说，《堡垒之夜》能够帮助他们建立数字友谊。

正如这整本书都在论述的那样，元宇宙正准备启动下一波庞大的数字逃脱。因为区块链和 NFT 的出现，人们都有机会首次拥有属于自己的数字逃脱装备。也许除了僧侣之外，我们每天都在逃往数字世界。因此，所有人都会欢迎能够拥有数字逃脱装备，并从中获利的机会。

话虽如此，但人们到底应该如何为元宇宙的到来做准备呢？我们将能够拥有或将会拥有哪些元宇宙资产呢？

✦ 我们将在元宇宙里拥有什么

现在有许多数字创作者在试验人们将会使用哪种类型的NFT，NFT 市场在很大的程度上是与元宇宙资产共同运行的。然而，这两者并不是按 1 ∶ 1 的比例来共同发展的。换句话说，就是 NFT 不一定是元宇宙资产，而元宇宙资产不一定必须是

NFT。

但我们还是可以通过研究 NFT 交易市场，来深入了解在元宇宙中我们可能拥有和使用的资产类型。NFT 这个市场在 2021 年交易了价值超过 200 亿美元的数字文档，通过这些 NFT 交易情况，可以设想由用户所有的商品将充斥在整个元宇宙之中。

在研究元宇宙中的数字呈现和数字所有权概念时，我们将这些资产分为四类：虚拟角色、配件、物品和房地产。数字呈现的最小单位是虚拟角色——人们在元宇宙中的形象体现。配件是用于装配在虚拟形象上的物品，由此来增加数字形象的个性层次。物体和物品是虚拟角色所能拥有的对象，这些物体并不能装配在虚拟角色的身上，但能够丰富他们在元宇宙中的体验。最后，数字呈现的最大单位就是房地产、土地和建筑物，也就是虚拟角色的自有财产，而虚拟角色所拥有的空间也有助于提升元宇宙的体验。

在接下来的小节中，我们将探讨当前已存在的元宇宙资产和我们认为在理论上将会出现在元宇宙中的资产。我们选择购买每个元宇宙资产的原因都与我们购买资产的三个原因相关：身份、社群和地位。在讨论这些元宇宙资产案例的过程中，请大家思考一下，在这些数字所有权的特例中包含了三个原因中的哪一个呢。

虚拟角色

在元宇宙里，你可以成为任何人。这是这个无限新世界的潜在承诺之一。无论你想成为一只巨型树懒，还是一个人形水瓶，或只是想和你在现实世界的形象一样，这都能由你来决定。扎克伯格在宣布脸书改名为 Meta 时，已点明了这点，他召集了一场牌局，参加牌局的人是一个看起来"没什么异样"的男人、一个闪烁的由全息影像构成的女人、一个像漂浮在太空中一样的人以及一个机器人形象的虚拟角色。

尽管在第六章"进入元宇宙"中所讨论的大多数元宇宙平台都未能提供这种程度的创作自由，但这却是虚拟角色的最终发展方向。在元宇宙中，自我虚拟角色的具体体现方式都是由你自己决定的。

在当前的 NFT 市场，那些预示我们即将在元宇宙中以虚拟角色呈现的项目都是个人头像项目。例如加密朋克、无聊猿、酷猫（Cool Cats）、沟中猫（Gutter Cats）和女人世界（World of Women）都被归属于这类项目。这些个人头像合集中通常由 3000 到 10000 个独特的 NFT 角色构成，这些角色具有各种不同的特征，例如不同的发色、不同的面部配件（例如打了耳钉）、不同的服装等。

个人头像 NFT 在元宇宙中能够成为虚拟角色的原因是个人头像在构成数字社区方面发挥了重要作用。每个个人头像项目都有一个 Discord 聊天组，对应的个人头像持有者都能进入这些聊天组，而个人头像的持有者会为自己是 10000 名持有者中的一员而感到非常自豪。因此，他们常常会把自己的推特头像换成相应的 NFT 角色。推特也为此发布了一项验证功能，验证拥有 NFT 个人头像的人是否真实拥有该 NFT，这个举动也巩固了根据个人头像划分社区的理念。

社区在元宇宙的重要程度和在现实世界里是一样的，而个人头像将有助于在元宇宙中构建相应的社区。

但这些二维图像应该如何转变成 3D 角色形象呢？

我们想用两个项目案例来说明这个转换过程是如何实现的。其中一个项目叫作"让加密朋克复活"。简言之就是以现有的加密朋克系列头像为基础，在真实的人体模型上进行重塑。通过化妆、面部毛发梳理、加戴帽子等手段，将这些二维 NFT 转变成 3D 人物。目前，这个过程需要手动才能完成，因此可能不能成为元宇宙中以个人头像 NFT 为原型生成虚拟角色的途径。但这个项目案例已经能够说明从 2D 到 3D 的转换过程，以及过程中所发生的变化。

另一个关于如何将 2D 转换为 3D 虚拟角色的案例名为"元宇宙体育篮球"（MetaSports Basketball）。这是一款区块链游戏，玩家可以上传他们的个人头像 NFT，并在篮球比赛中用作自己的 3D 虚拟角色。每隔一段时间，这款游戏就会在推特上宣布他们的游戏平台可支持一款新的个人头像项目。他们就是通过将一个又一个个人头像项目纳入游戏的方式来把个人头像世界整合到游戏中。每次声明都是为了吸引新用户进入游戏的营销手段。

Meebits 是所有个人头像项目中真正理解 NFT 有朝一日将会成为元宇宙中的虚拟角色的项目。由加密朋克背后的团队 Larva Labs 开发的 Meebits 就像其他个人头像 NFT 项目一样，但 Meebits 的持有者同时拥有将他们的 Meebits 转换为 3D 的文件格式。像 The Sandbox 和 Cryptovoxels 这样的元宇宙平台大部分都采用 3D 的文件格式，因此终有一天 Meebits 的持有者可以将他们的 NFT 角色带入这些虚拟世界中。

现在你进入 Decentraland、The Sandbox 或 Meta 公司的地平线世界时，就可以从他们给出的特征列表中进行选择，由此来构建你的个人角色。虽然这些平台还没有发布任何会大范围地将个人头像 NFT 合并到其平台中的声明，但是我们认为这个趋势是不可避免的，因为这个合并功能能吸引 NFT 收集者成为元宇宙用户。从逻辑上讲，他们需要设计一款能将个人头像自动转换为适用于他们平台的文件格式的工具。虽然也有可能是由第三方平台来开发这种技术，但是更有可能的是，由这些元宇宙平台内部来自行开发，这样才能确保转换结果符合平台的格式要求。

不过，对于你的虚拟角色而言，同样重要的是你给它起的名字。在基于区块链的元宇宙里，名字也是稀缺的、可拥有的资产，就像土地一样。在 Decentraland 中，可以以大约 100 代币的价格购买名字。有一大批投机分子正在抢购那些看似有价值的名字，比如中本聪、范思哲等，他们希望能够在二级市场上出售这些名字并从中获利。例如，有一名用户 2 年前在区块链上创建了坎耶·韦斯特（Kanye West）这个名字，最近以 10 万代币的价格将其转售（这个价格相当于约 26 万美元）。由于地块的命名也能使用这些独特的名字，因此地标和企业的名称一直都是 Decentraland 里最具有投机性的，也是转售最顺利的名称资产。

对于整个 NFT 市场来说，以太坊命名服务（ENS）的应用范围更为广泛。ENS 提供了创建和拥有区块链名称和域名的标准。ENS 就像一个简化了个人区块链钱包地址的名称注册表。如果你拥有区块链钱包，你就知道要记住 42 个字符的钱包地址有多么困难。但如果你购买了一个 ENS 名称，该名称后缀是 .eth，那么就可以通过编程使资金能够经由该 ENS 名称转入你的区块链钱包。现在，ENS 域名可以简化你的钱包地址，引导人们进入某个网站，还可以实现其他事情。在未来，这些 ENS 域名也将成为元宇宙中用户名的标准，由此也将使数字呈现的另一个重要组成部分（名字）实现货币化，使其成为可拥有的元宇宙资产。

以上就是对虚拟角色和角色名称的概要总结。接下来要进入用于装配角色的元宇宙资产。

配件

化身成为数字角色的乐趣有一半儿来自能够给角色进行配件装饰。元宇宙配件能够让我们非常充分地进行自我展示，由此也佐证了我们的观点，资产在身份识别里有重要作用。这里所说的配件，指的是能够穿戴或装配在你的角色身上的任何东西。我们做这个明确的区分是为了避免此处所说的配件与后面将提到的元宇宙物品发生混淆。

为了获得这些元宇宙配件，许多人会选择现有的交易市场，例如《堡垒之夜》的道具商店，在那里购买背包、滑翔机，甚至是舞蹈动作表情包。《堡垒之夜》中的这些数字商品不会直接影响游戏的玩儿法，但能够为游戏里的玩家提供更多自我表达和展示个人风格的渠道。例如，玩家可以在他们的武器上添加"树皮"包装，那么他们的武器看起来就会像是一把木枪。虽然这样的包装和其他众多的装饰皮肤一样，都不能提高武器的攻击能力，但是却能在《堡垒之夜》中彰显玩家的地位，而且不会有人不用游戏装备而将它们收藏起来。《堡垒之夜》的配件消费和其他游戏内消费已经形成庞大产业，到2020年该产业产值已经超过540亿美元，预计到2022年将达到650亿美元。

这就是如此多的品牌和设计师对元宇宙配件市场兴奋不已，有些品牌和设计师已经在这个新兴的资产类别上占得优势的原因。

元宇宙配件的核心是展示风格和体现表达。你会找到许许多多、各式各样的配件，这些配件的价格从单件不到1美元到数千美元都有。不管是T恤、太阳镜还是翅膀、能量光环，什么都有。这些可穿戴配件大多数不会对玩家在Decentraland中能做的事产生任何影响。然而，根据区块链数据平台DappRadar的数据，这个新兴的游戏配件市场在Decentraland的销售额中已占到近1.2亿美元（这个数额包含了土地和名称的销售额）。

总体来说，数字时尚因为与元宇宙相关而被大肆炒作。范思哲、古驰等时尚品牌都发布了数字服装，并将其作为 NFT 销售。可口可乐推出了同名的数字羽绒服一比一 NFT 系列。The Fabricant 是一家数字服饰的时尚工作室，其所创作的数字服饰极有想象力且十分出众。像 RTFKT 这样的团队凭借他们定期发布的数字运动鞋，成功站到了数字时尚行业的顶端（在被耐克收购之前）。尽管上述的时尚服饰暂时还未能移植到现有的元宇宙平台上，但这也足以证明人们对有价值和稀缺的数字服饰是感兴趣的。

最终人们还是希望看到元宇宙的配件能够具备实用性。我们注意到 Jadu 团队所进行的实践，他们已经推出了 Jadu 喷气背包和 Jadu 悬浮滑板系列，一旦 The Sandbox 的游戏推出，就可以作为其中的交通传输工具。他们采用了类似于个人头像 NFT 项目的模式，推出了 7777 款立体像素不同的传输工具，每款传输工具的特征和稀有程度都不同。

除了作为传输工具之外，元宇宙配件还可以作为访问密钥。我们在第六章提到了 ICE 扑克室的服饰，如果 Decentraland 中的玩家角色穿戴了这些 NFT 配件，就可以进入 ICE 扑克室，参加有奖的扑克比赛。我们认为"访问许可"将是元宇宙配件应用最广泛的实用功能之一。

许多 NFT 项目的开发者已开始用他们销售所得购买元宇宙土地，并计划将购置的土地建设为社区总部。比如，MetaKey 在 Decentraland 和 The Sandbox 都拥有大片土地。MetaKey 的开发者马蒂计划，这些土地只对 MetaKey 的持有者开放，并将在社区里举办各式活动和体验。我们在第六章中提到过，3LAU 在 Decentraland 创办了 3LAU HAUS，作为他为他的 NFT 持有者举办音乐会的场地。

在前面的"虚拟角色"部分中，我们谈到了个人头像项目有一天可能会成为虚拟角色。同时，我们也认为在为某些 NFT 项目的持有者提供身临其境的价值体验上，元宇宙也将发挥重要作用。例如尘埃（Dirt），世界上首款通过 NFT 销售来支持运营的时事通信项目，由凯尔·查卡（Kyle Chayka）和黛西·阿利奥托（Daisy Alioto）领导的团队正在为他们的粉丝构建尘埃元宇宙（Dirtyverse）——一个与媒体相关的完整生态系统。这些活动和体验现在是以传统的 Web2.0 格式来呈现，通过 Zoom 和电子邮件进行传送，但他们已经表达了将围绕他们的吉祥物 Dirt 设计一个专属于其 NFT 持有者的空间的想法。

元宇宙配件将会有无限可能，能想到的任何事物都可以成为元宇宙配件。这些配件最基本的形式是作为用来体现身份和地位的资产。配件所真正创造的是由共同风格或兴趣爱好组建而成的社区，从而让人们拥有各具特色的个人身份识别特征。

元宇宙配件未来将可能提供任何潜在的实用功能，不论是增强游戏角色的能力水平，还是作为专属体验的访问密钥。虽然购置这类元宇宙资产在今天看起来可能很奇怪，就像是在浪费钱一样，但是随着元宇宙用户群的增长，我们将看到元宇宙配件在数字世界中的重要性，就像现实世界中的劳力士、Christian Louboutin[①]红底高跟鞋和贵宾通行证一样有价值。

物品

所有既不属于虚拟房产，也不属于虚拟角色配件的东西，都可以被归类为元宇宙的物品。当然，游艇、艺术品或家里的家具等物品都能归入此类，但元宇宙物品也可以是更多其他的东西。物品这个术语更像是"无类别"的元宇宙资产的统称。从这个意义上说，这个类别的范围最广，也是一个需要你带着未来主义思考方式来想象各种可能性的类别。

我们会先将数字宠物归类为元宇宙物品。或许有一

---

① Christian Louboutin 是一位法国高跟鞋设计师，同时也是一个著名高跟鞋品牌，红底鞋是该品牌的招牌标识。——译者注

天 Genopet[1] 会在元宇宙中跟着我们到处走，就像是我们的数字伙伴，让我们能够了解自己在现实世界里的健康情况。ClassicDoge 是另一个致力于"与 NFT 相关"数字宠物的团队。该项目最酷的地方在于，如果你提交你现实中宠物狗的照片，他们就会创建出它的数字版本。从这点上讲，他们为人们提供了在元宇宙中缅怀宠物的途径，这对所有爱狗人士而言具有非常深刻的意义。

另一个有趣的元宇宙物品是 MetaMundo 开发的元宇宙传送门（MetaPortal）。元宇宙传送门像是一种外星科技，可以将持有者传送到元宇宙的特定位置。它可以随意放置在个人数字房产内的任意位置。开发团队计划与其他元宇宙创作者合作，在元宇宙中创建只有通过元宇宙传送门才能传送抵达的专属目的地。

元宇宙的未来愿景之一是让我们拥有真正的游戏机。Vine 的创始人多姆·霍夫曼（Dom Hofmann）一直致力于 Supdrive 项目。Supdrive 将是一款基于 NFT 的数字游戏机，可以让人们拥有稀有的电子游戏副本，而这些游戏都是 NFT，我们可能会因此看到过去的街机重回元宇宙之中。雅达利或斯特恩弹球游

---

[1] Genopet 是一种流动的数字资产，代表玩家在现实世界中的身体活动。

戏公司（Stern Pinball）有一天可能会将其街机游戏代表作设计成数字副本，人们可以在自己的元宇宙家中放置弹球机或吃豆人游戏。此外，已经有人在讨论开发具有经典游戏特色的元宇宙街机，玩家配备虚拟街机资产后，只需支付少量数字货币就能玩儿。我们在家里、办公室和任何空间里放置的任何物品都将在元宇宙中形成市场。从家具、相框到电器、工具，所有这些物品都可以、也必将成为元宇宙物品。需要发挥一点儿想象力来设想一下它们如何能作用于更大的元宇宙体验。当然，这需要一些设计和营销的手段才能勾起人们对这些物品的需求，但人们越把元宇宙视为自己的第二家园，就越能理解我们需要在元宇宙的家中放置这些物品的理由，这些物品能够提供实用功能、唤起我们的回忆或让我们能最大限度地体验元宇宙世界。

说到元宇宙是我们的"家外之家"，接下来我们就要说说许多人想要了解元宇宙的初衷：虚拟房地产。

房地产

如果你读过任何关于虚拟土地热潮的文章或新闻，那么你可能会看到将虚拟房地产与18世纪的曼哈顿购房热相比较的说法。这个类比广为流传，其所传播的观点是虚拟房地产的回报是巨大的，不，回报将会是天文数字。

但这个类比模糊了两个前提。一个是这样的回报将会在此生兑现，但这项投资的时间跨度到底会要多长呢？另一个是无论购买的虚拟地产在哪儿，都不会亏本，但你又应该在哪里购买虚拟土地呢？

现实是，（假设我们采用 18 世纪的类比）现在选择虚拟房地产就像看着一张北美地图，然后说："随便挑一个 100 平方千米的地块，然后买下来。"这个类比要更贴近目前虚拟房地产投资的真实情况，因为元宇宙平台如此多，每个元宇宙平台中都有着大量的土地。

当然，有些元宇宙平台上的虚拟房地产似乎比其他的更有保障。鉴于 Decentraland 和 The Sandbox 受到了最多的关注，我们会更倾向于投资这些平台的房地产。然而，这主要还是要看元宇宙整体行业能否成功。

此外，你应该如何选择合适的土地呢？毕竟，我们无法准确预知哪种土地将来最值钱。在 Decentraland 中有超过 9 万个地块，在 The Sandbox 中有超过 16.5 万个地块，这感觉就有点儿像是在猜谜。

一些元宇宙房地产投资者采用的策略是预测哪些地块将迎来最多的人流量，那么这些地块对元宇宙企业就最有市场吸

引力。这样的操作思路可能就是在公共聚集点附近或在靠近主
要道路和干道的地方进行选址。

其他公司采取的策略则是跟随 NFT 领域的金融大鳄和主
要投资者的投资步伐。例如，那位在 The Sandbox 中购置了
史努比·多格隔壁土地的投资者显然就是采用了这个策略。
Pranksy 被视为 NFT 投资大鳄，在 The Sandbox 中也拥有大量
地块，那么在 Pranksy 所购置地块周边的土地可能会随之升值。
这个策略也适用于效仿企业投资，也就是说，可以在雅达利、
阿迪达斯或三星附近购买土地。当然，一旦这些企业在元宇宙
中建立了自身品牌的相关体验，就很可能会吸引大量人流，因
此对周围的地块也必然会产生相应的溢出效应。

如果你想购买首块元宇宙土地，但又纠结于不知如何
选择，那么 Parcel 提供的信息能让你了解市场上每一块虚
拟房地产情况。Parcel 的自我定位是元宇宙土地交易的估价
机构，Parcel 收集了市场上所有虚拟土地的信息，其中包括
Decentraland、The Sandbox、Somnium Space 和 Cryptovoxels 上
的土地，让用户能够更便捷地在这些最受欢迎的元宇宙平台之
间进行房地产信息的比价和选择。

虽然绝大多数虚拟房地产所有者还未在他们的资产发展
规划里使用这个重要工具，但是这个工具将会推进元宇宙进入

下一个阶段。在第六章中，我们提到了 Spatial[1] 正在开发现成的元宇宙环境，这个想法将以现成建筑的形式被应用于元宇宙之中。从本质上说，就是创作者为特定的元宇宙平台设计和建造好平台上的建筑物，然后放在公开市场上销售——由此来为人们提供即买即用的购置选择，这也是一种低成本的土地开发方式。让我们以"聚点"，这个由本尼·奥尔和西里尔·兰斯林创造的现成元宇宙环境为例，"聚点"可以嵌入各种虚拟世界（但还未能嵌入区块链元宇宙），并作为设计师和其他专业人士的聚会场所。

建筑在元宇宙中很重要。我们之所以提到"聚点"这个作品，是因为它的设计非常漂亮，体现出无重力元宇宙里的创作可能性，而且将会出现一大批能够提供建造服务的元宇宙专业建筑师，在 Voxel Architects 团队中我们看到了元宇宙建筑组织的雏形，Voxel Architects 已经与几位元宇宙的土地所有者签订了合同，为他们的土地提供建造服务。

在元宇宙中拥有房地产很酷，但能将这些房地产开发成可供体验和享受的场所才最能体现元宇宙房地产的价值。

---

① Spatial 是一款 2020 年 12 月正式上线的元宇宙文化场所，画廊、展览、艺术活动等艺术场景正尝试在 Spatial 上安家。——编者注

✦ 元宇宙资产管理

NFT 向世界提供了一种新的资产类别，其升值速度之快，只有加密货币才能与之媲美。许多人在短短几个月内就首次成为百万富翁，这也带来了一波数字资产热潮。当然，这个市场并非没有不法分子。然而，区块链为这个新兴资产类别提供的交易透明度使这些不法分子无所遁形，这也应该归功于我们所说的区块链调查人员。

区块链调查人员可以搜索交易历史，并针对那些利用 NFT 资产和 NFT 投资者的不法分子进行立案。区块链调查人员在侦破名媛团 NFT 项目时，我们首次看到了区块链调查人员是如何办案的，名媛团 NFT 项目对外宣称自己是由女性领导的个人头像 NFT 项目，而实际上却是由三名男性领导的。该 NFT 社区的成员团结起来应对这场风波，并最终罢免了这些领导人的职位，由名媛团的女性持有者取而代之。

最近，NFT 行业监管机构，推特账号为 @NFTethics，对 @beaniemaxi 这个曾经备受推崇的 NFT 玩家进行了调查。NFTethics 的报告详细讲述了 Beanie 利用他的影响力欺骗其追随者的过程，他持有项目的股份，但没有对外披露，并在项目结束之前就提前将自己的资金抽走。在一个多星期的时间里，在整个 NFT 的推特圈子里，Beanie 的形象已完全崩塌，基本上所有的 NFT 社区和项目，包括他自己的资本风险投资基金，都将 Beanie 列入了黑名单。

从理论上讲，区块链将有助于清理自由市场中某些不道德行为和扰乱金融秩序的操作。到目前为止，我们已经多次看到类似的清理整顿行动。虽然仍有许多人钻了漏洞，但是我们也看到了 NFT 市场上的一些违规行为被迅速清除，这对于所有计划进行元宇宙资产投资的人来说是令人振奋的。

我们不能否认，对参与者来说，数字资产市场还是非常不稳定，而且完全不可预测，有时也会出现非常可怕的情况，这最终也会导致许多潜在投资者不敢参与到这个新市场之中。但这种不可预测性是由于更多人没有参与到 NFT 社区之中，没有与其他收藏家进行交流，没有进入相应的推特聊天室，也未认识到数字资产具有持续发展的机会。

我们意识到这本书中列举了非常多的数字资产机会，大家可能会感到无所适从，不知如何下手。事实上，全身心地投入数字资产投资将会是一份全职工作。因此，在未来几年，我们将会看到数字资产顾问和数字资产管理员的出现。就像许多人会将自己的投资事务交给能够全职管理我们资金的专业人士或公司一样，也将会有数字资产经理来管理我们的元宇宙资产组合。

但讽刺的是，这份工作可能不会交给传统的金融财务顾问，而可能是由那些你从未设想过他也能够为你提供理财服务的人来担任这个职务。NFT已经成为一种金融工具，许多不同的行业都在输出这种资产类别。Pawnfi[①]和NFTfi[②]已经能进行NFT抵押贷款业务。ReNFT能提供向陌生人安全租用和借出NFT的协议。那么，为什么不能假设元宇宙领域将会出现代表我们管理数字资产的理财规划师呢？

综上所述，元宇宙资产是一个充满机会的广阔天地。其中也伴随着各类风险，参与者需要具有预见性思维能力以及技术理解能力，这都是这个领域里不可忽视的要点。如果你丢了家里的钥匙，那么你可以找锁匠来帮忙，但如果你丢了的是区块链钱包的钥匙，那么你就永远也进不了你的"元宇宙家园"。

---

① Pawnfi 是 NFTfi 一站式解决方案，在平台上能借贷交易、质押、提供流动性。——编者注

② NFTfi 是去中心化金融（DeFi）和 NFTs 的交集，简单理解就是 NFT 金融化，让 NFT 借助链上金融的模式解决自身流动性的问题。——编者注

第八章

元宇宙的挑战

《雪崩》向大家介绍了什么是元宇宙,《头号玩家》展现了元宇宙经济的广阔前景,而《无敌破坏王2:大闹互联网》(*Ralph breaking Internet*)则展示了元宇宙的互动操作,全方位地描述了互联网的众多基本特征,包括搜索引擎的工作原理和互联网的快速传播方式。这部电影讲述的是拉尔夫(Ralph)无意间弄坏了他最好的朋友云妮洛普(Venellope)的游戏机,导致她"失业",无家可归。之后,两人冒险进入互联网,在易贝(eBay)上购买修复街机游戏所需的部件。这部电影告诉我们互联网是如何赚钱的,就是在电子游戏大范围流行后,开始赚取广告收入。

然而,这部电影真正与众不同的点在于互操作性实现的方式,以及在不同数字体验之间轻松切换的能力。在我们看来,这就是元宇宙该有的样子——能够毫不费力地将电子游戏移植到油管上、搜索引擎中和数字图书馆里。

此外,在这部电影里,我们还看到了那些我们喜爱的互联网公司在未来如何将自身的服务体验移植到元宇宙环境里的场景。

要实现与元宇宙的无缝对接,做起来并没有说起来那么简单。交互性是最主要的障碍，这个障碍就是本书中一直在说的、阻碍实现元宇宙愿景的基础问题。开放的元宇宙是我们为之奋斗的目标，我们想要的不是一大批互不相连的封闭花园。如果我们的资产、支付方式和平台之间的移动能力无法实现彼此互联，那么这样的应用场景实际上并不具备任何创新性，我们还不如继续沿用目前的电子游戏、社交体验和互联网基础设施。

也许上述所说的这些互操作性最大的挑战是使所有的元宇宙经济、资产和货币实现相互合作。

✦ 可交互的经济体

元宇宙的用户必须能够将他们的数字资产从一个游戏或社交元宇宙平台带到另一个平台。就目前全世界的游戏付费情况来看，当前的体系对于元宇宙的发展并不是那么有利。你花钱买的《堡垒之夜》代币永远无法兑换回美元，而且也不能在《罗布乐思》上使用。我们并不是说这些"封闭花园"本身的经济有什么问题，每个游戏发行商都有权将其原生货币留在其平台之中。

但由于元宇宙的愿景需要实现可互操作性，因此就需要平台之间也能够实现相互支付。这样的相互支付应该同时适用于可替换代币和不可替换代币。也就是说，我们使用的货币（可替换的）和我们拥有的游戏内资产（不可替换的）都能够实现跨元宇宙平台的相互支付。

可替换代币（例如比特币、以太币甚至美元）已经具有互操作性。加密货币本身在元宇宙中就可以跨平台支付。如果你是《无穷阿西》的骨灰级玩家，并已经获得了大量的游戏代币，那么你就可以将这些代币兑换成比特币或任何你想要的元宇宙货币。当然，兑换货币需要付出一些时间和交易费用，但可替换代币已经为元宇宙带来了支付的交互性。

但是，元宇宙中存在过多可替换代币，就会导致整体用户体验的恶化。从现在的情况来看，每款游戏元宇宙和沙盒元宇宙都有该平台自有的游戏货币。这不禁有点儿令人担忧，因为我们认为这绝非必要。创建可替换代币应该具有目的性，可替换代币的作用也不能仅仅是作为平台的货币。

像 Brave 这样的 Web3.0 公司，他们正在构建一个去中心化的网络浏览器。他们的注意力基础代币（BAT）是用来推动他们的广告经济系统。广告商必须根据他们计划实现的广告投放数量和想要获取的用户市场来购买 BAT，而这些 BAT 代币会被支付给收到广告弹窗的用户，但他们的代币作用就仅限于此。虽然 BAT 是他们提供产品和服务的基础，能够在很大的程度上激励他们的用户放弃谷歌浏览器，转而选择其开发的浏览器，但是该代币缺乏进一步的作用。我们希望看到他们推出以 NFT 为基础的升级，让用户可以把 BAT 花在 VPN 升级，或 Brave 的聊天功能，或者其他在 Brave 浏览器上能轻松实现的简单互联网服务上。

我们看到很多元宇宙公司不断重复这样的操作，他们推出的代币推动了他们的经济体系，但所有用户能做的都只是赚取代币，消费代币，使用代币投票，或将货币兑换成其他加密货币。大部分元宇宙平台的货币功能都一样，这样就会出问题。所导致的问题是，用户必须不断地将这些分散的货币兑换成其他货币，最终导致用户支付了大量兑换交易费。

我们必须找到令人满意的、可替代元宇宙代币的媒介。我们需要拥有足够的代币种类来维持开发者间的恰当竞争，但种类也不能太多，否则会造成摩擦和分裂，阻碍用户获得代币的跨元宇宙平台交互性。

不可替换代币，即元宇宙资产确实是毫无跨元宇宙平台的交互性。我们花费数百或数千美元购买的 NFT，应该要能带到任何区块链元宇宙平台里。然而，现实并非如此。我们的阿西不能带到 Decentraland 中，我们的无聊猿不能出现在现有

的元宇宙平台中。资产跨元宇宙平台实现相互使用的情况少之
又少。

我们十分欣赏 MetaMundo 解决此问题的方法。在他们的
市场上，你购买的每一款 NFT 资产都附带多个不同的 NFT 文
件格式，适用于各大沙盒元宇宙。其 NFT 资产方案的核心是
母 – 子 NFT 结构，其中最高分辨率的 NFT 资产原始文档是母
文件。母文件允许所有者访问和下载该 NFT 的子文件，子文
件是多个能够支持元宇宙平台文件格式的副本，这些文件格式
包括 .vox、.vrm、.obj 等。

对于任何想要设计和销售元宇宙 NFT 的人来说，这是目
前确保你的 NFT 能够满足当前元宇宙格式要求，并能适用于
未来元宇宙世界的最佳方案。除了文件格式类型以外，我们还
必须考虑元宇宙平台是基于哪个区块链来建设的，是以太坊区
块链，或者 Solana 区块链，还是 Flow 区块链，还是其他。目
前，如果想把一个 NFT 从一个区块链转移到另一个当中去，
可以使用区块链转换器，例如虫洞（Wormhole）的传送门
（Portal）。风投公司 Konvoy 将当前的流程问题概述如下：

"这些转换器并没有实现实际的转移，也没真正认可跨链
价值和所有权。资产并没有从一个区块链移动到另一个区块链
之中。相反，这些资产被冻结在智能合约中，并在另一个区块

链上产生新的版本。"

目前，跨链资产只不过是原始资产的副本。虽然原始版本的资产和另一个区块链上的副本不能同时存在，每次只能存在一个，但是当智能合约没有明确说明转移条件时，就会留下巨大的、会被利用的漏洞空间。总之，不同文件类型和不同区块链的元宇宙资产的可转移性是实现可交互元宇宙所需解决的主要挑战。

你可能会想："元宇宙资产的互操作性会不会造成这些资产整体市场的萎缩，最终导致游戏和元宇宙开发者的利润减少？"如果你可以在 Decentraland 中购置一件连帽衫，并将其转换成能在 The Sandbox 中使用的连帽衫，那么你所购买的数字连帽衫数量难道不是少了一件吗？这正是我们要说的，因为现实世界就应该是这样运作的。你为即将到来的婚礼购置的新西装，将永远是西装，在你侄女的毕业典礼上依旧能作为一套体面的礼服来使用。

可变成游戏资产时，交互的概念就变得相当难办了。《使命召唤》（*Call of Duty*）中的武器在《堡垒之夜》中就无法使用。以游戏元宇宙为例，《星图》中的宇宙飞船 NFT 基础格式和《外星世界》中的完全不同。虽然我们希望玩家花了大价钱购买的 NFT 游戏资产最终能够在其他元宇宙游戏中使用，但要实现这一点需要进行大量的协调。游戏元宇宙之间彼此合作，协调各自资产的功能会带来巨大的机遇，但最起码我们还是可以考虑将外部资产引入游戏元宇宙（或任何元宇宙平台），显示其资产外观的方案。如果 The Sandbox 中的 Jadu 喷气背包能够让玩家具有飞行功能，那么 Decentraland 至少可以让我们的角色穿上这套装备（即使不能让我们在 Decentraland 中也实现飞行功能）。这无疑是一个乐观主义者的想法，但我们愿意相信这种想法能够实现。

我们意识到，技术不是总以用户的最佳利益为出发点。但为了拥有一个对用户来说最佳的元宇宙，这些项目背后的公司和开发人员必须改变他们的心态，游戏经济只存在于该游戏中的想法不利于元宇宙的发展。开发者必须自己开发和销售所有东西的想法正在被去中心化的思维模式所取代，这种去中心化的思维模式就是由其他人帮助你在游戏或社交空间中构建资产和体验。

此外，可互操作的元宇宙经济并不意味着平台会最终失败。在 OpenSea 上已经出现了对于互操作元宇宙的尝试。你不需要去 Decentraland 或 The Sandbox 的交易市场上购买土地，而可以选择在 OpenSea 上进行交易，绝大多数 NFT 的购物行为都是在这里完成的。智能合约规定，当商品在 OpenSea 上出售时，Decentraland 和 The Sandbox 能够获得他们的交易分成。元宇宙该有的态度必须是每个人都有机会分得一杯羹。元宇宙资产和经济必须考虑可转移性和兼容性。

✦ 交互的图像和硬件

与可交互的元宇宙经济密切相关的是应用于元宇宙的图像和硬件。我们已经讨论过文件格式是在元宇宙之间传输资产的障碍，而每个元宇宙里的图像也完全不同，这个挑战也应该予以考虑。

例如，不同的电子游戏很少具有相同的视觉基因。《罗布乐思》和《我的世界》在视觉上有相似的方块角色和环境，而《堡垒之夜》的视觉效果更像是混合了现实主义、卡通和动漫。此外，《使命召唤》一直在努力使游戏图像在视觉上看起来更接近现实世界。如果你搜索第六章"进入元宇宙"中所提到的任意一个元宇宙平台，找到两个在视觉上能匹配得上的元宇宙所需花费的时间要比找到两个看起来完全不同的元宇宙所花费的时间要长得多。图像对于游戏基因很重要，但我们这里说的并不是元宇宙平台之间争夺视觉主导权。如果主导的视觉效果只有一款，那元宇宙将会变得无趣且缺乏想象力。但是，如果我们想让元宇宙资产具有可转移性，并且能够在不同的元宇宙之间呈现价值数十亿美元的 NFT，那么我们就需要找到转换元宇宙资产和环境图像的方法。

接下来要说的是硬件。元宇宙的硬件公司能否良好配合，让互操作性成为行业标准呢？我们这里说的硬件公司是指主要的游戏机厂商（包括微软的 Xbox 和索尼的 PlayStation）以及虚拟现实设备的厂商（包括 Meta 公司的 Oculus 虚拟头戴设备，宏达电子的头戴设备和索尼的 PlayStation VR）。

硬件层面的互操作性是什么样的呢？首先，无论玩家使用何种硬件，玩家都可以在元宇宙里进行体验。与此同时，这些硬件公司也不会开发过多独立于其他平台之外的专属游戏和元宇宙体验，而造成更多平台间的彼此脱节。

跨硬件的兼容性并非不可实现。我们在第五章“元宇宙的模块建设”中提到过 Epic Games 的首席执行官蒂姆·斯威尼总结了关于游戏环境的新思维方式，他介绍了当《堡垒之夜》在不同竞争平台体系间进行玩家互联时所引起的不安，最初没有人愿意向竞争对手开放自己的平台。可一旦 Xbox、PlayStation 和 Switch 玩家能够跨平台进行游戏，所有平台都因此受益。蒂姆·斯威尼说：“我认为每个人都意识到了，把人们互联起来能带来比把人们隔离开更大的机遇。”

只有把不同设备的用户连接起来，愿意应用和使用元宇宙的规模才会增长。当然，Epic Games 从事的是软件业务，但我们认为游戏硬件公司应该（也将会）认同他对于元宇宙所持有的观点。不过事情的发展不会一帆风顺，毕竟，我们谈论的是各大竞争对手间收入来源的相互混杂。

看看 Epic Games 和苹果公司之间的法律诉讼之战就知道这有多困难了。Epic Games 希望用户能够通过所有设备连接进入《堡垒之夜》，但苹果应用商店却要求对所有游戏内交易征收 30% 的税款。由于《堡垒之夜》的全部收益都来源于玩家购买游戏内资产，Epic Games 认为支持苹果设备的接入对他们来说没有任何经济价值。而这个法律诉讼案件将决定应用商店商业模式的未来，据 CNBC 的报道，目前这种商业模式 2021 年的总收入已经达到 800 亿美元。

此处的关键便是硬件和软件要实现兼容性就肯定要发生经济冲突。如果合作伙伴觉得买卖不划算，那么元宇宙在基础设备层面就会变得支离破碎。

我们希望这一切能朝好的方向发展，我们希望未来能朝着我们想看到的方向发展，但未来却更有可能朝着符合常理预期的方向发展。Meta 公司的未来有很大一部分都押注在虚拟现实和元宇宙之上，因此我们无法乐观地认为 Meta 会拥抱可交互的元宇宙世界。另外，PlayStation 也有自己的虚拟现实头戴设备，但 Xbox 没有。如果 Xbox 想要在虚拟现实领域竞争，那么他们也很有可能会与 Meta 公司的 Oculus 平台缔结独家合作关系。

如你所见，要解决元宇宙未来的交互性问题并不简单。在实现交互性之前，元宇宙之间的互不兼容将是行业标准。虽然我们认为交互性是元宇宙迈向伟大所需面临的最大挑战，但是很遗憾，这并不是元宇宙面临的唯一挑战。

✦ 元宇宙的负面评论

改变并不容易，尤其当这个改变会对我们所信任的、所关心的和所重视的一切造成挑战时，改变更会遇到极大阻力。元宇宙引入了许多不容易理解的新概念。从数字所有权到虚拟呈现，元宇宙将从根本上改变我们与互联网以及数字生活之间的关系。伴随这些变化而来的是反对这个新理念的评论。

最为广泛流传的负面评论针对的是 NFT 的光环。这项带来了数字稀缺性和真正数字资产所有权理念的技术，被包装得相当糟糕。许多人认为数字收藏品是一场骗局。尽管有些开发者还是能着眼于数字藏品的实用性，并且关注未来的长期发展规划，但数字藏品却常常被泼脏水，偶尔还会遭遇破坏和洗劫。我们认为，参与该市场必须经历的区块链学习曲线在很大的程度上导致了这些负面的评论。毕竟，人们对他们不懂的事物往往评价不高，而数字所有权和NFT是元宇宙的重要组成部分，需要进行大量科普来消除这种误解。

另一种不受公众青睐的元宇宙技术是虚拟现实。尽管消费者对虚拟现实的兴趣在过去几年里已经有了较大提升，但是虚拟现实从总体上而言并不是一项很吸引人的技术。许多人都有一个普遍的认知，那就是我们小时候被告知不要坐得离电视太近，而现在我们却把电视绑在离眼睛只有几厘米的地方。虚拟现实的先驱之一，贾伦·拉尼尔曾经说过，虚拟现实这个原本应该是我们梦寐以求的设备，最终可能会成为一场噩梦，因为虚拟现实会带我们走上一条需要对行为进行重大修正的道路。人们因为过于依赖虚拟世界而出现反乌托邦观点的事件比比皆是。Meta公司公布了与虚拟现实相关的专利，这些专利涉及Oculus头戴设备对我们情绪的追踪，这无疑会让人们对反乌托邦的观点产生共鸣。任何新技术的出现都有可能带来消极的行为，我们大多数人都没有预见到智能手机会带来这种局面，但种种的这一切都确实是发生了，以至于人们会很容易预见到虚拟现实对生活的负面影响，而忽略了它可能带来的积极效果。

最后一个反对元宇宙的主要评论是认为元宇宙就只是游戏而已。因为像《罗布乐思》《堡垒之夜》和《我的世界》这样的公司通常被视为元宇宙的早期版本，所以人们很容易在元宇宙与电子游戏之间画上等号。虚拟现实在很大的程度上强化了这个认知，因为 Meta 公司的 Oculus 头戴设备广告通常会着重强调和展示电子游戏的场景，而《头号玩家》，无论是书里还是电影里，所展示的都是一个彻头彻尾受电子游戏文化影响的元宇宙世界。然而在现实中，职场沟通、协作和社区建设也都是元宇宙公司正在开发的重要功能。无论如何，元宇宙都必须规避与游戏挂钩的负面评论。

在第七章"元宇宙资产"中我们探讨过，人们担忧会出现试图利用元宇宙并肆无忌惮玩弄投资环境的不法分子。但我们也提到了，调查人员和监督人员已经在尽力处理和解决这些问题。

本章可能会让你觉得不利于元宇宙发展的事情要比有利于元宇宙发展的事情多很多。确实，要处理货币、硬件、资产、图像等方面的平台差异并不是一件简单的事情，但当我们想到真正的元宇宙体验时，很多人，不仅仅是我们，都梦想着这个体验必须是可交互的，否则，元宇宙就不会如此引人入胜。如果无法实现交互，那么元宇宙唯一的创新就是所有权和数字赢利潜能，而你知道吗？只要《堡垒之夜》愿意，他们就能够实现这个创新,《罗布乐思》也可以在没有区块链的条件下建立一个资产转售市场和在游戏中赚取代币的途径。

区块链最终将成为促使元宇宙实现跨平台操作的黏合剂和连接器。解决这些挑战和建立合理的体系是需要时间的，但我们看好进入这个领域的开发者，以及所有将自己的生命押在实现这个愿景之上的人和公司。

第九章

你的元宇宙计划

不久前，我们读到一篇文章，讲的是有一位先生他所驾驶的汽车突破了百万英里①的大关。在 30 多年前，吉姆·奥谢（Jim O'Shea）成功地让他的那辆沃尔沃汽车持续行驶，并达到了这个里程碑式的行驶距离，而他的这个举动是受到另一位名为伊夫·戈登（Irv Gordon）的人的故事所触动的。戈登在 1993 年驾驶他的那辆 1966 年款的沃尔沃汽车达到了这个行驶距离（并继续行驶，创下 320 万英里的纪录）。和大多数人一样，我们从未想过能够那么长时间地持有一辆车，更不用说，能够在不发生任何重大事故的情况下行驶如此远的距离，但这个想法还是引发了我们的思考。

我们今天使用的设备或技术能够突破百万英里的大关吗（这是一种隐喻）？

相信我们，对于这个问题，我们真的认真思考了好一会儿。除了手表、做工精良的厨房电器和某些复古的电子游戏机以外，消费类技术通常无法持续太久，至少消费类的硬件设备是无法被人们长期持有的。

———————

① 英制单位。1 英里约合 1.6 千米。

但在软件方面，许多技术已经超过了其使用寿命的百万英里大关了，例如微软办公软件、超文本传输安全协议、谷歌搜索、文件格式、Linux 操作系统等，这样的软件例子不胜枚举。

即使软件不断发展，我们也有能力实现新旧软件标准之间的对接，这也是我们对今天元宇宙的看法。元宇宙是一款软件，现在还处于初始版本，后续版本的情况还很难预测，也更不可能预测其高级版本的情况。但这并不意味着不能有计划地推进元宇宙的发展，使其实现超越虚拟世界百万英里大关的目标。元宇宙的长期发展不应该过分着眼于眼前的收益，而应该优先构建元宇宙空间，聚集相应的社区，并以各种创新方式来开创这个领域。

无论你自己或你的公司选择哪种方式加入元宇宙，先要自问一下所制订的计划是否能持续发展，实现虚拟世界百万英里的目标。

✦ 设计你的元宇宙计划

如果到目前为止，本书还不能让你看到元宇宙存在真正的机会和虚拟经济的力量，那么或许是我们的工作做得不到位，也可能是你的顿悟时刻还没到。但我们对此也并不感到沮丧，元宇宙将会对我们今天的运作模式带来许多重大的改变，需要消化的内容太多了。因此，尽管我们相信元宇宙是过去几十年里最非凡的科技发展之一，我们的许多切身利益也将与这个虚拟世界的发展捆绑在一起，但是我们也意识到，并不是每个人都准备好接受这个未来趋势。

从根本上说，元宇宙是一种文化学习、互联和分享的新方式。无论你是拥有知识产权的品牌或公司的决策者，或者寻找下一个营销风口的娱乐从业者，或者只是一个想要涉足数字领域的兴趣极客，提供给你进入元宇宙这个领域的方法和方式都有很多。

你过去获得的知识和经验并没有失效，但也无法保证这些知识和经验在元宇宙中能有效。如果我们获邀参加你们的战略会议，并被要求针对你们的元宇宙启动计划提出建议，那么我们会给出以下三点。

对于有知识产权的品牌和公司

不是每个品牌或公司都具有足够强的文化吸引力，可以在不进行任何鼓动活动的情况下就能立足于元宇宙。面对这个问题，你必须诚实。你的品牌或公司是否达到了迪士尼或酩悦·轩尼诗－路易·威登集团（LVMH）的影响力水平？这个问题的答案往往是否定的。这就意味着你不能盲目自行创作，随意设置 NFT 或元宇宙环境，还期望能赢得所有人的注意。在元宇宙中发生的事情太多了，想成为人们关注的焦点，哪怕只是一瞬间的这种期望是不切实际的。

但你拥有迪士尼和酩悦·轩尼诗 – 路易·威登集团不具备的优势。你拥有由客户、粉丝和合作伙伴组成的社区，他们很可能对元宇宙一无所知，因此，你可以成为他们了解这些信息和知识的媒介。你拿起了这本书就足以表明你是会自学的人，会与你现有的社区分享你正在学习的内容，而且你有能力与这些人建立联系，这是迪士尼的动画角色、加密朋克和 Decentraland 不能也一直无法做到的事。你现有的社区就是你进入元宇宙领域的起点，他们将是你的首批用户。但你必须能够与他们分享你的经历，让他们接受你正在构建的内容。

致力于为你自有的社区进行科普必须成为你的特殊能力。用真诚的态度来对待这件事，告诉他们你认为元宇宙有价值的原因，同时也要分享你所担忧的问题。你已经在你的客户、粉丝和合作伙伴中建立起了彼此信任。如果你不希望失去这种信任，就不要像我们这本书一样，持有过于偏激和过于肯定的观点。无论如何，用诚恳的态度开始进行科普交流并不会玷污你的名声。

每个人或多或少都需要了解和学习一些关于区块链、数字钱包以及管理数字资产的基础知识。这个世界不能只靠像我们这样的未来科技人士的声音来推动，毕竟，我们所说的听起来通常就像是外星语言。但你却知道如何才能让你的社区明白这些信息，你知道如何利用类比和心理模型来解释这些事情，因为你比我们更了解他们的痛点。你的目标应该是帮助你的社区获得顿悟的瞬间，因为如果他们是从你这里开始理解这些事，那么他们就会认可你最终所构建的任何服务和产品。

如果你的公司仍然处于传统的一维空间，或者并不属于技术领先的企业，那么这里给出的建议对你尤为适用。现在正是进入数字领域重塑自我的最佳时机，现在正是以新的形式重塑你的品牌价值的时机。

看看黑莓（BlackBerry）这样的公司，几乎所有人都认为它是一家被苹果公司淘汰了的、失败的智能手机企业。但很多人都不知道，在汽车操作系统领域，只有黑莓公司在和特斯拉公司竞争。黑莓的 QNX 操作系统是当今许多大型汽车制造商的首选，包括宝马、福特、通用、本田、梅赛德斯－奔驰、丰田和大众等，而这些信息并不为人所知，黑莓公司所开发的系统关系到数以百万计人的日常生活。虽然黑莓公司在智能手机的竞争中失败了，但是它却悄悄地重塑了自我，并找到了新的奋斗方向。

所以，即使你觉得你的品牌或公司错过了 Web2.0 时代、社交互联网或抖音运动，你也不会被排除在 Web3.0 时代的成功之外。

我们建议你去阅读《NFT 狂潮》(*The NFT Handbook*)，开始了解 NFT 和数字资产。收集你的知识产权，找到你的独特优势，发现你在技术方面（或设计方面）的缺陷，接着就可以开始公开构建你的元宇宙。

最重要的是，不要忘记那些已经追随你的客户、粉丝和合作伙伴，帮助他们跟上你的脚步，他们将成为你优雅、体面地进入元宇宙的起点。

对于娱乐从业者

如果你是一名娱乐从业者或从事与娱乐行业相关的工作，那么你就已经处于能够在元宇宙中开辟空间的有利位置。你可能具备可以在元宇宙中与大家分享的才能或专长，你也可能拥有某些重要的知识产权或内容可以在元宇宙中进行再创作。

如果我们处在你的位置，那么我们会从制作数字孪生这个方向来开始，这会让你想起第五章"元宇宙的模块建设"。你的数字孪生作品既可以是你的真实写照，也可以是你的品牌代言人。你的数字孪生可以将你最好的脱口秀、表演或 DJ 音乐集等演出以虚拟形式进行再现。这些表演的重现看起来就会像是特拉维斯·斯科特在《堡垒之夜》中的太空世界演唱会一样，那场演唱会经过精心编排，每一个细节的呈现都如他们所愿，特拉维斯·斯科特也因此第三次获得了《公告牌》热门100 榜的冠军（2020 年 5 月 9 日）。

我们所处的这个时代，娱乐行业迫切需要元宇宙的研究案例，来进行逆向工程和逆向学习。坦白地说，大多数人害怕分享他们的想法，因为他们认为所有人都会窃取他们的知识产权和创意。但说实话，如果元宇宙的想法能够如此轻易被窃取，那么我们会比现在走得更远。窃取创意很容易，但要将元宇宙计划真正地落地执行却是非常困难的。许多人跑步进入NFT 和元宇宙领域，却没有花时间去完善自己的计划。这不是一场竞赛。2021 年夏天，明星们疯狂地追逐 NFT，而许多匆忙进入这个行业的人，只是试图对 NFT 进行投其所好地跟风，而如今这些人早已消失不见。他们已经被淘汰，不再被（数字收藏家）信任，他们显然只是在炒作、在逐利。所以你无须着急，请考虑周全再行动。

对你来说最困难的部分极有可能是将你的想法转化为能够符合元宇宙技术要求的内容。所以，请先继续学习本书和

《NFT 狂潮》一书中所探讨的概念，接着开始起草你的想法。起草的内容可以很简单，例如"我想做某事，我想我还有这部分的不足。我可能需要这类人的帮助"。此外，也不要害怕与那些能够帮助你实现愿景的人交流。

如果你仍然觉得身处困境，需要帮助，想想 DJ 斯基（本书的作者之一）多年来一直在开发元宇宙的相关设施。你可能听说过他和他的公司 Dash 帮帕丽丝·希尔顿在《罗布乐思》中建造了帕丽丝世界，并在元宇宙中创建了她的数字孪生。

对于元宇宙的兴趣极客

对于所有元宇宙兴趣极客来说，现在就是构建"某款元宇宙"的最佳时机。想想你属于哪个群体？你的哪种兴趣还未出现在元宇宙中？

我们将会迎来这么一天，每种小众文化、每种兴趣爱好、每个红迪网分组都会有同款的元宇宙数字对应物，你也可以为你的兴趣爱好发起相应的元宇宙活动。我们来看看快速消费品俱乐部（Club CPG），这个 NFT 项目与快速消费品有关，并围绕这个主题建立了专属的社区。这个项目不断发展壮大，甚至引起了马克·库班的注意，他现在已经成为该社区的指导者之一。

互联网的历史充满了小众社区造就伟业的故事。《五十度灰》（*50 Shades of Grey*）最初是在《暮光之城》（*Twilight*）的粉丝小说网站上进行分期创作的。当今流行的职场聊天应用 Slack 实际上是由失败的大型多人网游 Glitch 衍生而来。

如果你是兴趣极客，那就成为推动你的兴趣在元宇宙中启动的助力。你不需要一个人解决所有问题，有很多元宇宙的兴趣极客将与你一起并肩建设和推广这个目标。如果你担心项目变得越来越大，而摸不清方向，那么可以学习像 Unity 或 Blender 这些好用的技术工具，这样会让你变得不可或缺。

"某个兴趣爱好的元宇宙"将会成为大趋势。你已经站出来，并开始学习相关知识和技能，就足以说明你可以成为构建伟大作品的元宇宙兴趣极客之一。